Petra Cnyrim

ERKLÄRS MIR, ALS WÄRE ICH 5

KINDERFRAGEN
EINFACH
BEANTWORTET

Petra Cnyrim

ERKLÄRS MIR, ALS WÄRE ICH 5

KINDERFRAGEN EINFACH BEANTWORTET

Warum haben Zebras Streifen?
Wie kommen die Löcher in den Käse?
Warum ist Wasser nass?

riva

Bibliografische Information der Deutschen Nationalbibliothek
Die Deutsche Nationalbibliothek verzeichnet diese Publikation in der Deutschen Nationalbibliografie. Detaillierte bibliografische Daten sind im Internet über http://d-nb.de abrufbar.

Für Fragen und Anregungen
info@rivaverlag.de

Originalausgabe
5. Auflage 2020

Nymphenburger Straße 86
D-80636 München
Tel.: 089 651285-0
Fax: 089 652096

Redaktion: Ulrike Reinen
Umschlaggestaltung: Isabella Dorsch
Umschlagabbildung: shutterstock.com/Tanya Egge
Abbildungen Innenteil: shutterstock/dimpank (S. 24), shutterstock/ShadeDesign (S. 57), shutterstock/ShadeDesign (S. 57), shutterstock/Anne Punch (S. 135), shutterstock/Iitts (S. 70), shutterstock/WindVector (S. 173)
Satz: Helmut Schaffer, Hofheim a. Ts.
Druck: CPI books GmbH, Leck
Printed in Germany

ISBN Print 978-3-7423-0870-2
ISBN E-Book (PDF) 978-3-7453-0517-3
ISBN E-Book (EPUB, Mobi) 978-3-7453-0518-0

Weitere Informationen zum Verlag finden Sie unter

www.rivaverlag.de

Beachten Sie auch unsere weiteren Verlage unter www.m-vg.de

INHALT

TIERE UND PFLANZEN

Warum haben Zebras Streifen?

Zebras sehen mit ihren Streifen ja witzig aus, aber es hat doch bestimmt auch einen Grund, warum die Tiere schwarz-weiß gestreift daherkommen? Wissenschaftler haben lange gedacht, dass die Streifen der Zebras eine Tarnung sind, um sie vor ihren größten Fressfeinden, den Löwen, zu schützen. Inzwischen haben sie aber herausgefunden, dass dies nicht stimmt, denn Löwen können die Streifen gar nicht sehen. Für sie ist ein Zebra einfach nur grau.

Trotzdem schützen sich die Zebras mit ihren Streifen vor gefährlichen Tieren, allerdings vor viel kleineren – den Tsetsefliegen! Diese kleinen Blutsauger ernähren sich nämlich, wie Mücken, vom Blut anderer Tiere. Dabei übertragen sie aber auch eine tödliche Krankheit. Bei Zebras kommt diese Krankheit nur sehr selten vor. Die Wissenschaftler haben nämlich herausgefunden, dass sich die Tsetsefliege nur äußerst ungern auf gestreiften Oberflächen niederlässt. Die Streifen der Zebras schützen sie also vor allem vor Insekten und damit auch vor den Krankheiten, die durch sie übertragen werden können!

Warum sehen Vögel im Winter so dick aus?

Vögel sehen im Winter viel dicker aus als im Sommer. Heißt das, sie haben dann mehr zu fressen und wir müssten sie gar nicht füttern? Haben sie sich vielleicht einen schönen dicken Winterspeck angefressen? Die Antwort lautet: Nein– ganz im Gegenteil. Im Winter sind die Vögel auf unsere Hilfe angewiesen, wenn sie die kalte Jahreszeit unbeschadet überstehen sollen. Denn es ist kein Fett, das die Tiere so dick erscheinen lässt, sondern ihr aufgeplustertes Gefieder. Die Federn rund um den Vogelkörper helfen den Tieren nicht nur dabei, fliegen zu können, sondern sie schützen sie auch vor der Kälte. Wie geht das? Die Federn wachsen übereinander, sodass zwischen ihnen immer ein kleiner leerer Raum bleibt. Wenn der Vogel sich aufplustert, werden die Federn aufgebauscht und dadurch der Platz zwischen ihnen größer. In diesem Zwischenraum sammelt sich Luft. Das Federkleid des Vogels ist dann mit vielen kleinen Luftpolstern durchsetzt, welche die Wärme seines Körpers erhalten. Denn Luft leitet Wärme sehr schlecht – das heißt, die warme Luft, die der Vogelkörper abgibt, wird zwischen den Federn festgehalten. Das aufgeplusterte Gefieder des Vogels ist also wie eine kleine Heizung.

Warum haben Kühe immer vier Zitzen?

Wenn man die Euter von Kühen näher betrachtet, sieht man, dass sie wirklich immer genau vier Zitzen haben, aus denen ihre Kälber die Milch trinken können. Aber warum ist das so? Man könnte überlegen, dass Kühe vielleicht immer vier Babys bekommen. So hätte dann jedes seine eigene Zitze zum Trinken. Das stimmt so aber nicht, denn es hat etwas mit der Entwicklung der Tiere zu tun: Ganz früher hatten Kühe, genauso wie alle anderen Säugetiere – also auch Pferde, Hunde und Katzen – sogenannte Milchleisten. An der Milchleiste sind mehrere Zitzen hintereinander angeordnet, um die vielen Babys zu ernähren. Bei Hunden und Katzen ist das auch heute noch so. Sie bekommen bei einem Wurf aber auch bis zu elf Babys, die alle versorgt werden wollen. Weil die Kühe mit der Zeit aber immer weniger Kälbchen bekommen haben, hat sich die Milchleiste zurückgebildet, bis nur noch vier Zitzen übrig geblieben sind. Diese Entwicklung gibt es auch bei anderen Säugetieren, wie zum Beispiel bei den Pferden. Sie haben heute nur noch zwei Zitzen und bekommen, genauso wie die Kühe, nur noch ein Baby. Warum aber die Kuh genau vier und das Pferd nur zwei Zitzen behalten hat, kann niemand sagen.

Was haben Regenwürmer mit Regen zu tun?

Das hast du bestimmt schon einmal beobachtet: Es regnet – und kurze Zeit später wimmelt es auf den Straßen und Gehwegen nur so von Regenwürmern. Was tun sie dort? Riechen sie den Regen unter der Erde und freuen sich nun über das viele Wasser? Eines ist klar: Ihren Namen haben sie daher, dass sie immer dort auftauchen, wo es regnet. Da liegt der Gedanke doch nahe, dass sie den Regen zum Leben brauchen. Doch das ist falsch! Die Forscher gehen davon aus, dass sogar das genaue Gegenteil der Fall ist. Denn die Tiere würden, wenn sie bei Regen unter der Erde bleiben würden, ertrinken! Das Wasser läuft von außen durch die Erde in die Gänge der Würmer. Wenn sie dann nicht schnell an die Oberfläche kriechen, ersticken sie an den Wassermassen. Sie heißen also nur deshalb »Regen«wurm, weil man sie bei Regen so oft sehen kann.

Warum bekommt ein Specht, der auf einen Baum hämmert, keine Kopfschmerzen?

Würdest du mit deinem Kopf so lange auf etwas herumhämmern wie der Specht, würdest du ganz schnell starke Kopfschmerzen bekommen – oder sogar eine richtige Gehirnerschütterung! Aber wie kann es sein, dass uns etwas so wehtut, während dieser kleine Vogel stundenlang auf das Holz klopfen kann, ohne etwas davon zu merken? Das liegt am Körperbau der Vögel: Das Gehirn sitzt bei ihnen viel weiter hinten und oben als bei uns. Wenn also ein Schlag auf den Schnabel trifft, kommt der Aufprall nicht direkt am Gehirn an, sondern wird abgefedert. Außerdem hat der Specht kräftige Muskeln im Schnabel, die den Schlag ebenfalls dämpfen. Deswegen bekommt der Specht beim Hämmern keine Kopfschmerzen!

Warum hassen Katzen Wasser?

In diesem Fall muss man zwischen wilden Raubkatzen und unseren Hauskatzen unterscheiden. Denn die wilden Verwandten unserer Samtpfoten leben an Orten, wo es für sie oft überlebenswichtig ist, doch den Sprung ins kalte Wasser zu wagen. Zum einen können sie sich abkühlen, denn meistens leben sie dort, wo es sehr warm werden kann. Zum anderen finden sie im Wasser auch Nahrung, wie zum Beispiel Fische.

Was aber unsere Hauskatze betrifft, so stimmt es fast immer: Wasser ist nicht ihr Ding. Der wichtigste Grund dafür ist ihr Fell. Es ist anders aufgebaut als zum Beispiel das Fell von Hunden. Ein Hund springt gern einmal ins Wasser und schüttelt sich danach ordentlich aus – und schon ist er wieder trocken. Bei Katzen ist das anders: Sie können das Wasser nicht einfach ausschütteln, denn ihr Fell saugt sich damit voll. Dieses Gefühl mag keine Katze – das Fell wird schwer, und das macht ihr

Angst. Außerdem muss sie lange warten, bis es trocknet, und bei kälteren Temperaturen ist das nicht gerade angenehm.

Natürlich kann es passieren, dass man seinen Stubentiger einmal baden muss, weil er so schmutzig ist, dass er sich selbst nicht mehr helfen kann. Trotzdem gehört das nicht gerade zu den Lieblingsbeschäftigungen einer Katze. Sie wird sich, bis auf seltene Ausnahmen, so gut sie kann dagegen sträuben. Dennoch sind Katzen äußerst neugierig. Deshalb kommt es oft vor, dass sie begeistert einem Wasserstrahl zusehen oder sogar ihre Pfote in den Strahl strecken – schließlich bewegt er sich ja so toll! Manchmal stellen sie auch fest, dass man ganz hervorragend daraus trinken kann. Dabei bleibt es aber meistens. Denn gerade Katzen, die so viel Zeit und Mühe dafür aufwenden, ihr Fell immer ordentlich zu putzen, mögen es gar nicht, wenn es auf einmal nass und klebrig wird.

Woher hat das Nilpferd seinen Namen?

Nilpferde sind faszinierende Kolosse. Man findet sie in der Nähe von Gewässern in Mittel- oder Südafrika. Sie gehören zu den schwersten Landtierarten der Welt – noch schwerer sind nur die Elefanten. Inzwischen sind die Nilpferde aber vom Aussterben bedroht, weil es weltweit nur noch etwa 140 000 von ihnen gibt.

Wie kam man aber darauf, die Tiere »Nilpferde« zu nennen? Mit Pferden haben sie ja nicht gerade viel gemeinsam. Und dass nicht alle Nilpferde am Nil – dem längsten Fluss der Welt – leben, ist auch bekannt. Eigentlich heißt das Nilpferd »Hippopotamus«. Das kommt aus dem Griechischen und bedeutet: Pferd (*hippos*) und Fluss (*potamos*). Deshalb nennt man es auch oft »Flusspferd«. Der Begriff Nilpferd entstand dadurch, dass die ersten Flusspferde, die man länger beobachtet hat, am Nil lebten.

Warum stoßen Vögel im Flug nicht zusammen?

Ist doch klar: Sie sehen den anderen Vogel und weichen aus. Das ist wie bei uns im Straßenverkehr. Doch manchmal fliegen Vögel in riesigen Gruppen, sogenannten Schwärmen. Das tun sie, um sich vor Angreifern zu schützen. Wie kann es sein, dass sie auch dann kreuz und quer durch die Lüfte segeln und die Richtung ändern, ohne dass jemals ein Vogel den anderen auch nur berührt? Dafür müssen die Vögel gut aufeinander aufpassen. Sie bleiben ganz nah beieinander, und sobald einer der Vögel die Richtung wechselt, tut es sein Nachbar auch und der Nächste und der Übernächste. Es ist ein bisschen wie bei Dominosteinen, nur ohne Berühren. Das funktioniert, weil Vögel Bewegungen besonders schnell wahrnehmen können.

Warum landen Katzen immer auf den Füßen?

Man muss immer wieder staunen, wenn man die kleinen Stubentiger beim Klettern beobachtet. Für die beweglichen Tiere gibt es kaum Grenzen, wenn es darum geht, irgendwo hinaufzuklettern, um die Welt von oben zu erkunden. Nur – wie kommen sie heil wieder herunter? Wenn eine Katze zum Beispiel auf einem Schrank sitzt, denkt man sich doch, dass dies ziemlich schwierig werden könnte. Umso erstaunlicher ist es, wenn man dann sieht, wie sie ganz lässig einen Satz nach vorn macht und einfach springt! Das Tolle dabei ist: Sie verletzt sich nicht. Aber wie kann das sein? Immerhin ist ein Schrank für eine Katze so hoch, als würden wir aus dem zweiten Stock springen. Das liegt an einem speziellen »Reflex« – einem automatischen Bewegungsablauf –, über den jede gesunde Katze ab der siebten Lebenswoche verfügt. Dieser sorgt dafür, dass sie, ohne nachzudenken, immer auf den Füßen landet:

1. Als Erstes neigt sie ihren Kopf und damit den ganzen Oberkörper in Richtung Boden.

2. Dann bringt sie ihre hinteren Beine nach vorn unter den Bauch.

3. Mit dem Schwanz kann sie alle Bewegungen so ausgleichen, dass sich am Schluss der ganze Körper in der richtigen Lage befindet. Alle vier Beine sind Richtung Boden gestreckt.

4. Kurz vor der Landung macht sie einen Buckel, sodass sie den Aufprall auf dem Boden perfekt abfedern kann.

All das geschieht innerhalb weniger Sekunden. Zusammen mit der Beweglichkeit ihres Körpers ist es kein Problem, unbeschadet zu landen. Natürlich gibt es aber selbst für die flauschigen Akrobaten Grenzen! Bei Sprüngen aus zu großer Höhe können auch sie sich schwer verletzen.

Erfrieren Fische im Winter?

Komisch ist das schon – wenn man im Winter an einen See geht, ist kein einziger Fisch zu sehen! Sind die dann alle erfroren? Ja, Fische können erfrieren. Das passiert aber nur dann, wenn das Gewässer, in dem sie leben, sehr flach ist. Denn dann friert der Weiher oder See bis ganz unten zum Grund zu. Wenn das passiert, erfrieren auch die Fische.

Meistens ist es aber so, dass der See nicht ganz zufriert. Dann sammeln sich die Fische in der unteren Schicht, die nur von dem Eis darüber bedeckt ist. Denn Wasser gefriert immer von oben nach unten. Die Fische sind dann einfach unterhalb der Eisschicht.

Um unter der Eisschicht zu überleben, haben die Fische ein paar Tricks auf Lager, denn sonderlich warm ist es dort unten natürlich trotzdem nicht: Sie können ihre Körpertemperatur absenken. Das heißt, sie werden selbst auch kälter und brauchen dadurch nicht so viel Energie, um ihren Köper warm zu halten. Damit das auch klappt, werden sie gleichzeitig langsamer. Wenn der See also nicht bis zum Grund gefriert, können die Fische auf diese Weise Energie sparen und den ganzen Winter in richtig kaltem Wasser aushalten, ohne dabei zu erfrieren!

Legen braune Hühner braune Eier?

Mit der Farbe der Eier ist das so eine Sache. Jeder kennt die beiden Eierfarben, die am häufigsten vorkommen: Weiß und Braun. Aber wer weiß schon genau, warum das so ist? Da gibt es die einen, die steif und fest behaupten, dass es darauf ankommt, wie die Hühner gehalten werden, weil nämlich nur die frei lebenden Hühner braune Eier legen. Wieder andere sind sich sicher, dass die Farbe der Eier mit der Farbe des Huhns zusammenhängt – also: Braune Hühner legen braune Eier und weiße legen dann eben weiße Eier. Beide Überlegungen hören sich logisch an – aber welche stimmt denn nun?

Da kann man nur antworten: Keine von beiden! Denn in Wirklichkeit ist das mit der Eierfarbe so: Welche Farbe ein Hühnerei bekommt, hängt von der Farbe der Ohrläppchen der Tiere ab! Ja, richtig gelesen – Ohrläppchen. Denn auch Hühner haben welche und die sind entweder rot oder weiß. Die Tiere mit den roten Ohrläppchen legen die braunen Eier und diejenigen mit den weißen logischerweise auch weiße Eier. Was den Geschmack betrifft, ist es völlig egal, ob das Ei braun oder weiß ist. Hier zählen andere Punkte, wie zum Beispiel die Haltung und die Rasse der Hühner.

Wie schwitzen Tiere?

Eines ist klar, wenn es draußen richtig heiß wird, spüren das die Tiere genauso wie wir. Bei uns Menschen hat sich die Natur einen schlauen Trick einfallen lassen, damit wir unseren Körper etwas abkühlen können: Wir schwitzen. Dazu hat unser Körper bis zu vier Millionen kleine Öffnungen in der Haut – die sogenannten Schweißdrüsen. Sie produzieren den Schweiß, der hauptsächlich aus Wasser besteht. Wenn er unsere Haut benetzt, verdunstet er an der Luft. Und genau das ist es, was unseren Körper abkühlt.

Aber wie machen das die Tiere? Im Tierreich gibt es verschiedene Möglichkeiten, den Körper vor Überhitzung zu schützen – das kommt ganz darauf an, um welches Tier es sich handelt. Da gibt es einige Arten, die sich wie wir Menschen über den Schweiß auf der Haut Abkühlung verschaffen. Dazu gehören unter anderem Pferde und Affen. Katzen und Mäuse haben einen anderen Trick: Sie lecken sich das Fell nass, sodass die Spucke an der Luft verdunstet – auch das verschafft Abkühlung. Hunde dagegen schwitzen hauptsächlich über die Pfoten. Ist ihnen dann immer noch zu heiß, helfen sie sich mit Hecheln. Auch in diesem Fall wird die Spucke durch das schnelle Atmen im Maul verdunstet. Das machen Katzen übrigens im Notfall zusätzlich. Dann gibt es noch diejenigen, die ein ausgiebiges Bad im Schlamm bevorzugen. Dazu gehören Elefanten und Schweine. Das Bad kühlt ihre Körper ab, und die Schutzschicht aus Schlamm verhindert, dass ihre empfindliche Haut einen Sonnenbrand bekommt.

Warum fallen Fliegen nicht von der Decke?

Die Erklärung ist ganz einfach: Fliegen haben Klebefüße! An den Füßen einer Fliege befinden sich unzählige Härchen, die generell schon ziemlich gut an allem haften. Doch damit könnte selbst die behaarteste Fliege nicht an der Decke entlanglaufen. Um das zu schaffen, sondert die Fliege noch zusätzlich einen klebrigen Stoff an den Beinen ab, sodass die Härchen damit ständig befeuchtet werden. Das Ergebnis sind klebrige und haarige Füße, die beinahe überall haften bleiben. Vor allem an rauen Flächen wie einer Wand ist das gar kein Problem für die kleinen Insekten.

Warum sind Maulwürfe blind?

Zuallererst: Das Gerücht, dass Maulwürfe komplett blind sind, stimmt nicht. Sie können durchaus zwischen hell und dunkel unterscheiden. Und das ist eigentlich auch alles, was sie brauchen, denn Maulwürfe verbringen den Großteil ihres Lebens unter der Erde. Nur manchmal, wenn sie sich ein neues Gebiet zum Leben suchen, kann man sie auch an der Oberfläche sehen. Dann benutzen sie ihre winzigen Augen, um zu sehen, wo sie hinwollen. Ansonsten sind sie damit beschäftigt ihr Reich unter der Erde auszubauen. Dabei entstehen ganze Tunnelnetzwerke, in denen die Tiere leben. Dort unten ist auch etwas anderes viel wichtiger, als gut zu sehen: Maulwürfe können sehr gut hören und tasten. Mit ihrem super Tastsinn bewegen sie sich in völliger Dunkelheit schnell und sicher fort. Außerdem entgeht ihrem feinen Gehör nichts. Sie hören zum Beispiel, wo sich in ihrer Nähe Insekten aufhalten, spüren sie auf und fressen sie. Kurzum: Ein Maulwurf bräuchte bei dieser Ausstattung eigentlich gar keine Augen, denn er kann, auch ohne zu sehen, alles um sich herum wahrnehmen.

Bekommt man Warzen, wenn man eine Kröte anfasst?

Vielleicht hast du auch schon mal davon gehört: Wenn man eine Kröte berührt, bekommt man Warzen. Die gute Nachricht zuerst: Das ist ein Märchen! Trotzdem ist die Haut der Kröten nicht ganz ungefährlich. Sie dient den Tieren als Schutz vor Fressfeinden und Krankheiten. Bei manchen Exemplaren, wie zum Beispiel den Pfeilgiftfröschen in Süd- und Mittelamerika, ist das Gift, das die Haut herstellt, so stark, dass es andere Tiere lähmen oder sogar töten kann. Selbst Menschen können sterben, wenn sie mit diesem Gift in Berührung kommen. Das passiert aber nur, wenn man von einem Pfeil, der damit getränkt ist, getroffen wird. Die Indianer, die in diesen Gebieten leben, machen sich nämlich die Wirkung zunutze, indem sie kleine Pfeile mit dem Gift der Frösche tränken, um sie dann durch ein Blasrohr auf ihre Beute zu schießen.

Kröten und Frösche, die hier in Deutschland leben, kann man dagegen alle anfassen. Aber Achtung! So harmlos sind die glitschigen Kerlchen dann doch nicht: Wenn man eine Kröte in der Hand hatte, sollte man sich danach gut die Hände waschen! Denn wenn das Hautgift der Tiere über unsere Hände zum Beispiel in die Augen gerät, können sie heftig brennen und tränen. Das fühlt sich dann ungefähr so an, als hätte man sich beim Zwiebelnschneiden die Augen gerieben.

Wie kommen die Jahresringe in den Baumstamm?

Vielleicht hast du dir bei einem Waldspaziergang schon einmal den Stumpf eines gefällten Baums genauer angeschaut? Darauf sind nämlich viele Ringe zu erkennen, die darüber Auskunft geben, wie alt der Baum geworden ist. Das hat mit seinen

Wachstumsphasen zu tun: Ein Baum wächst während eines Jahres unterschiedlich stark, und genau das kann man dann an der Färbung der einzelnen Ringe sehen.

Wenn der Frühling kommt, sprießen nicht nur die Blätter, sondern der ganze Baum wächst. In dieser Zeit bildet das Holz große Zellen, damit der Baum größer wird. Je mehr Zeit vergeht, desto weniger stark wächst der Baum, bis er dann im Winter sein Wachstum ganz einstellt und eine Pause macht, um Kraft zu sparen. Und genau diese Veränderung im Wachstum können wir dann im Stamm sehen. Das Frühjahrsholz ist hell, im Laufe des Jahres wird es dann immer dichter und dunkler. Der dunkelste Abschnitt ist das Ende des Jahres, der Winter. Wenn dann im Frühling wieder das neue, helle Holz dazukommt, ist der Unterschied zwischen hell und dunkel ganz deutlich, und das sieht dann eben aus wie ein Ring.

Die Ringe in einem Baumstamm verraten aber nicht nur, wie alt ein Baum ist, sondern auch, wie es ihm in den letzten Jahren ergangen ist. Sind die Ringe breit, hatte der Baum ein gutes Jahr und konnte stark wachsen. Bei schmalen Ringen war es umgekehrt.

Warum leuchten die Augen von Katzen so unheimlich, wenn es dunkel ist?

Vielleicht ist dir auch schon einmal abends im Dunkeln eine Katze begegnet. Das Erste, was einem dabei sofort auffällt, sind die gespenstischen Augen der Tiere, die manchmal ganz hell aufleuchten. Aber keine Angst, das hat nichts mit Spuk zu tun! Dafür gibt es eine im wahrsten Sinne des Wortes »einleuchtende« Erklärung: Die Augen der Katzen strahlen ganz einfach das Licht, das manchmal auf sie fällt, zurück. Daher kommt auch der Ausdruck »Katzenaugen« für die Reflektoren, die du zum Beispiel an deiner Jacke oder an deinem Fahrrad hast. Reflektieren heißt nämlich nichts anderes als »zurückwerfen«.

Die echten Augen der Katzen machen also genau dasselbe wie die Reflektoren aus Plastik: Sie werfen das Licht zurück, zum Beispiel von Autoscheinwerfern. Aber wie machen die Katzen das – und warum können wir das nicht auch? Katzen gehen sehr oft in der Nacht auf die Jagd. Hätten sie dabei Augen wie wir, die kein Licht zurückwerfen, würden sie wahrscheinlich bald verhungern, denn damit lässt sich wirklich keine Maus im Dunkeln fangen. Wir brauchen das also gar nicht, aber die Katzen haben einen eingebauten »Trick« in ihren Augen, der sie nachts sehr gut sehen lässt. Es ist wie ein kleiner Spiegel ganz hinten im Auge der Tiere, eine dünne Schicht, die das Licht auffängt und wieder zurückwirft. Auf diese Weise können die Sehzellen, die sich in jedem Auge befinden, das einfallende Licht doppelt nutzen. Von den Sehzellen wird das Licht an Nervenzellen und dann weiter ins Gehirn geleitet. Dort entsteht das Bild, das man sieht. Das ist auch bei Katzen so, nur dass sie durch ihren eingebauten Spiegel sozusagen selbst Licht machen und deshalb viel mehr sehen können. Wir bräuchten sechsmal mehr Licht als eine Katze, um dasselbe in der Dämmerung erkennen zu können wie sie!

Warum ist es so schlimm, dass die Bienen immer weniger werden?

Von den Bienen bekommen wir unseren Honig, das ist klar. Und es wäre auch wirklich schlimm, wenn das einmal nicht mehr der Fall sein sollte. Doch das Bienensterben ist zurzeit in aller Munde. Das hat nicht nur mit der Sorge um den so wunderbar schmeckenden und gesunden Honig zu tun. Denn die Bienen sind für die ganze Welt so wichtig, dass unser aller Leben von ihnen abhängt! Wirklich? Diese klitzekleinen Insekten sollen dafür zuständig sein, dass die Welt nicht hungern muss? Wie ist das möglich? Ganz einfach, die Bienen machen – während sie den Nektar für ihren Honig suchen – ganz nebenbei etwas unfassbar Wichtiges: Sie bestäuben die Blumen, Sträucher und Bäume! An ihren Beinen bleiben die Pollen der Pflanzen hängen. Wenn sie dann zu den nächsten Pflanzen fliegen, nehmen sie die Pollen mit und verteilen sie dort. Auf diese Weise werden die Pflanzen bestäubt und können neue Früchte hervorbringen. Passiert das nicht, haben wir und alle Tiere, die von diesen Früchten leben, früher oder später nichts mehr zu essen.

Wer ist schuld am Bienensterben? Dazu gibt es eine kurze, aber leider wahre Antwort: der Mensch. Die Bienen finden in den großen Städten so gut wie gar keine Blüten, von denen sie sich ernähren könnten. Fliegen sie aufs Land, ist es auch dort schon schwierig, das Richtige zu finden. Denn hier werden die Felder oft mit giftigen Mitteln besprüht (den Pestiziden), damit sich keine Schädlinge an den Früchten zu schaffen machen. Leider kostet das aber nicht nur die Schädlinge, sondern auch die Bienen das Leben. Außerdem wird oft auf vielen Feldern immer das Gleiche angebaut. Auch das tut den Bienen nicht gut, weil sie die Vielfalt der verschiedensten Pflanzen brauchen, um gesund zu bleiben.

Es sind also die Menschen, die den Bienen den Raum zum Leben nehmen. Dabei brauchen wir die kleinen Tierchen so dringend. Wenn sie die Pflanzen nicht mehr bestäuben würden, hätte bald die gesamte Welt ein großes Hungerproblem. Die Bienen sind mit ihrer Arbeit so wichtig für uns, dass sie nach der Kuh und dem Schwein zu den drittwichtigsten Tieren gezählt werden, die für unser Überleben nötig sind! Wir können ihnen aber auch helfen, indem wir zum Beispiel Obst und Gemüse kaufen, das nicht mit giftigen Mitteln besprüht wurde, und darauf achten, dass sie wieder mehr Platz zum Leben haben.

Können sich Fische miteinander unterhalten?

Für uns Menschen mag die Redewendung »stumm wie ein Fisch« stimmen. Denn wir hören einfach gar nichts, wenn wir Fische im Aquarium oder in der freien Natur beobachten. Haben sie wirklich keine Stimme? Und wenn nicht, wie können sie sich dann miteinander unterhalten? Als Erstes muss man dazu sagen: Nur weil wir Menschen sie nicht hören, heißt das noch lange nicht, dass sich Fische überhaupt nicht miteinander verständigen, also »kommunizieren«. Wir können es nur nicht gleich wahrnehmen. Fische haben nämlich eine ganze Auswahl verschiedener Möglichkeiten, um sich verständlich zu machen:

- Die Färbung ihrer Haut: Die meisten Fische können ihre Hautfarbe verändern oder anpassen. Damit zeigen sie den anderen ganz genau, was sie möchten.

- Ihr Verhalten: Je nachdem, wie sie sich bewegen, weiß ein anderer Fisch ganz genau, um was es geht. Da gibt es zum Beispiel drohende Warnsignale für den Feind, aber auch freundliches Umherschwimmen, um einen Partner zu finden.

- Töne! Ja – einige Fische können durchaus Töne von sich geben. Wir sind zwar nicht in der Lage, sie mit bloßem Ohr zu hören, aber moderne Mikrofone von Meeresforschern können die Töne inzwischen auch für uns hörbar machen. Vielleicht hast du ja schon einmal in einem Tierfilm die seltsamen »Gesänge« gehört, die man zum Beispiel bei Walen aufgenommen hat, wenn sie miteinander sprechen. Wobei man in diesem Fall und auch über die Delfine sagen muss, dass es sich eigentlich gar nicht um Fische, sondern um Säugetiere handelt. Und die sind dem Menschen wiederum sehr ähnlich. Aber auch die »richtigen« Fische wie der Hering oder der Knurrhahn machen unter Wasser Geräusche.

Warum sind Flamingos pink?

Bei uns leben Flamingos zwar nur im Zoo, aber dort hast du sie bestimmt schon einmal gesehen. Sie fallen ja auch ganz schön auf, wenn sie in ihrem pinken Gefieder durchs Gewässer staksen. Was aber viele nicht wissen, ist, dass die Vögel nicht von Anfang an rosa sind. Wenn sie aus dem Ei schlüpfen, ist ihr Gefieder eine Mischung aus grauen, braunen und weißen Federn. Erst wenn sie anfangen, sich aus dem Gewässer, in dem sie leben, zu ernähren, werden ihre Federn pink. Das heißt, Flamingos bekommen ihre Farbe vom Essen! Sie haben spezielle Schnäbel, mit denen sie den Boden von flachen Gewässern durchsieben. Der Schnabel ist so gebaut, dass er wie ein Sieb funktioniert: Sehr kleine Krustentiere wie Krebse, aber auch Algen bleiben im Schnabel hängen und alles andere wird wieder ausgespült. Dazu bewegen die Flamingos ihren Schnabel immer hin und her, damit das Wasser auf der einen Seite hinein- und auf der anderen wieder herauslaufen kann. An den Seiten hat er sogenannte Lamellen, dünne Scheiben, zwischen denen zwar das Wasser durchfließen kann, aber andere Teile hängen bleiben. Weil Flamingos normalerweise in Gegenden leben, in denen sich hauptsächlich kleine Krustentiere und Algen im Wasser befinden, sind diese die Hauptnahrung der Vögel. Denn beim Sieben des Wassers bleiben sie alle im Schnabel hängen. Diese Algen und Krebse essen wiederum Bakterien und noch kleinere Algen, die einen ganz bestimmten Stoff enthalten: das Carotinoid. Und genau dieser Stoff ist der Grund für die Farbe der Flamingos. Sobald sie die Algen und Krebse verdaut haben, gelangt der Stoff ins Blut der Vögel und färbt ihr Gefieder. Je nachdem, wie viel die Flamingos von den Krebsen und Algen abbekommen, ist ihr Gefieder mehr oder weniger stark gefärbt.

In unseren Gewässern aber gibt es gar nicht so viele Krustentiere und Algen mit diesem Farbstoff, weil es dafür zu kalt ist. Nur, wie kann es dann sein, dass die Flamingos im Zoo trotzdem so schön pink leuchten? Das liegt an einem kleinen Trick: Die Zoowärter mischen dem Futter der Vögel den Stoff als Pulver unter! (Keine Angst, das ist für die Tiere völlig unschädlich.) Sonst wären die Flamingos dort tatsächlich weiß!

Wie atmen Fische?

Fische können unter Wasser atmen. Das machen sie mithilfe ihrer Kiemen – so weit, so klar. Aber wie funktionieren diese Kiemen genau? Eigentlich tun Fische nichts anderes als wir – sie atmen Sauerstoff ein und Kohlendioxid wieder aus. Dabei müssen sie aber, im Gegensatz zu uns, den Sauerstoff aus dem Wasser filtern – und das passiert mithilfe der Kiemen: Fische machen immer wieder ihr Maul ein Stückchen auf und dann wieder zu. Damit lassen sie das Wasser hereinströmen und drücken es durch die Kiemen wieder nach draußen. Wenn es durch die Kiemen fließt, kommt es als Erstes durch die »Kiemenreusen«. Das ist eine Art Sieb, das nur klares Wasser hindurchlässt. Alles andere, wie Schmutz und Steinchen, bleibt in den Kiemenreusen hängen. Das ist wichtig, damit das Innere der Kiemen nicht verletzt wird. Dann fließt das Wasser weiter durch die Kiemenblättchen. Das sind sehr dünne Hautläppchen, die mit Adern durchzogen sind. Die Haut ist so dünn, dass sie den Sauerstoff, der mit dem frischen Wasser vorbeiströmt, in die Adern aufnehmen kann. Das Gleiche passiert, nur andersherum, mit dem Kohlendioxid, also mit dem verbrauchten Sauerstoff: Er wird von den Blättchen an das vorbeifließende Wasser abgegeben. So funktioniert also ein Austausch von frischem Sauerstoff und verbrauchter Luft – Kohlendioxid. Der Sauerstoff wird von den Adern im Körper des Fisches verteilt und versorgt alle lebenswichtigen Organe. Weil Wasser aber nur sehr wenig Sauerstoff enthält, sind die Kiemen so gebaut, dass sie eine sehr große Oberfläche haben und dadurch auch sehr viel Sauerstoff filtern können. Eine sehr große Oberfläche? In einem Fisch? Das kann man kaum glauben, wenn man sich manche der schwimmenden Winzlinge so anschaut. Aber dafür hat sich die Natur mal wieder einen Trick einfallen lassen: Die Haut der Kiemen ist gefaltet, denn so passt viel mehr davon auf kleinen Raum, als wenn sie glatt wäre. Würde man sie auseinanderfalten, könnte man sehen, dass sie eine ziemlich große Oberfläche hat. Auf diese Weise kann viel mehr Wasser von den Kiemen aufgenommen werden. Und das reicht, um den Fisch mit genügend Sauerstoff zu versorgen.

Abgesehen von den Kiemen unterscheiden sich Fische beim Atmen auch noch in einem anderen Punkt von uns: Sie atmen gleichzeitig ein und aus. Denn das Wasser, das an ihren Kiemen vorbeiströmt, wird ja gleichzeitig ausgetauscht – das frische fließt herein, das alte hinaus. Bei uns geht das nicht – wir müssen immer erst einatmen, bevor wir danach ausatmen können.

Eine tolle Ausnahme sind übrigens die Kaulquappen. Sie atmen am Anfang auch über Kiemen, wie die Fische. Wenn sie größer werden, verwandeln sie sich aber immer mehr zu Fröschen: Sie bekommen Beine und eine Lunge! Das heißt, sie wechseln von der Atmung über Kiemen zu der Atmung mit einer Lunge. Das ist wirklich ein Wunder der Natur!

Warum hat die Kaulquappe so einen komischen Namen?

Wenn die Kaulquappe schon ein echtes Wunder der Natur ist – warum hat sie dann so einen merkwürdigen Namen? Das hat mit der Sprache zu tun, die vor langer Zeit benutzt wurde. Das Wort »kaul« bedeutete »dicker Kopf« und »quappe« ist ein noch älterer – mittelniederdeutscher – Begriff für »wabbelig« oder »schleimig«. Zusammengesetzt ist Kaulquappe also ein altes Wort für »wabbeliger, dicker Kopf« – und das passt ja ganz gut …

Warum sind Wale so riesig?

Das größte Lebewesen der Welt ist und war schon immer der Blauwal. Selbst die größten Dinosaurier können da nicht mithalten. Er kann bis zu 33 Meter lang werden – das ist so, als würde man zweieinhalb Reisebusse hintereinanderstellen! Dabei wiegt er so viel wie ungefähr 40 ausgewachsene Elefanten. Allein seine Zunge ist schon so schwer wie ein Elefant. Mit einem Schluck Wasser fließen ihm 80 000 Liter in den Magen. Er würde, wenn er nicht im Wasser leben würde, einfach von seinem eigenen Gewicht erdrückt werden. Eigentlich fast unvorstellbar, dass es so etwas überhaupt gibt. Und eines ist sicher – am Essen kann es nicht liegen, dass ein Wal diese Ausmaße erreicht. Denn Blauwale ernähren sich von den kleinsten Lebewesen, die das Meer zu bieten hat: dem Plankton, beispielsweise Krill – das sind winzige, 1 bis 2 Zentimeter große Krebse. Die Wale filtern sie mit ihren »Barten«, lauter einzelnen Hornplatten, die am Gaumen festgewachsen sind, wie mit einem Sieb aus dem Wasser. Die Menge, die ein ausgewachsener Blauwal dabei vertilgt, ist zugegebenermaßen nicht gerade gering, denn in seinen Magen passen 2 bis 3 Tonnen Nahrung – und das alles ganz ohne Zähne. Also keine Angst: Ein Wal würde niemals einen Menschen fressen, weil dies ohne Zähne und mit einer Speiseröhre, die nur so breit ist wie eine Hand, schlicht unmöglich ist.

Das wirklich Erstaunlichste ist aber, dass die Blauwale erst in den letzten paar Millionen Jahren so riesig geworden sind. Davor waren sie meistens um die 12 Meter lang, das ist ein bisschen größer als die heutigen Schwertwale (Orcas). Was ist also passiert, dass diese Tiere auf einmal so groß geworden sind? Die Wissenschaftler, die sich damit beschäftigen, sind meistens Meeresforscher. Sie gehen solchen Fragen im wahrsten Sinne des Wortes auf den Grund. In diesem Fall haben sie Folgendes entdeckt: Vor ungefähr zwei Millionen Jahren hatten die Wale, die am größten waren, die besten Überlebenschancen. Warum? Weil zu dieser Zeit die Meere abkühlten! Durch die Abkühlung veränderten sich auch die Ströme, die sich durch die Meere ziehen. Das hatte wiederum zur Folge, dass sich die Nahrung der Wale (Plankton) an manchen Orten vermehrte. Und nur den großen Tieren gelang es, die weiten Strecken zum nächsten Futterplatz zurückzulegen. Außerdem kann man mit einem größeren Maul natürlich viel mehr auf einmal vertilgen als mit einem kleineren!

Abgesehen davon gilt: Je größer ein Körper ist, umso weniger Wärme verliert er (Bergmann'sche Regel). Darum ist die unglaubliche Größe der Wale in kaltem Gewässer natürlich ein weiterer Vorteil.

Wieso finden Brieftauben immer nach Hause?

Eine Brieftaube ist in der Lage, eine Nachricht, die man in einen kleinen Behälter steckt und an ihrem Fuß oder Rücken befestigt, nach Hause zu bringen. Man kann die Taube an einen Ort bringen, der bis zu 1000 Kilometer von ihrem Heimatort entfernt ist, und erstaunlicherweise findet sie trotzdem sofort zurück! Aber woher kennen die Brieftauben den Weg durch die Luft?

1. Sie können sehr gut riechen. Ähnlich wie bei Hunden, die sich auch über weite Strecken mit ihrer Nase helfen können, nehmen die Tauben im Flug verschiedene Gerüche wahr, die ihnen zeigen, wo sie sich auf der Strecke befinden.

2. Sie können sich die Landschaft gut merken. Während sie über das Land fliegen, sehen sie genau, wo sich zum Beispiel in der Nähe ein Fluss oder ein Berg befindet. Das erkennen sie auf dem Rückweg wieder und wissen, wo sie sind.

3. Der Stand der Sonne sagt ihnen, in welcher Himmelsrichtung sie unterwegs sind und ob sie vom Kurs abweichen.

4. Der wichtigste und stärkste »Trick«, um ihr Ziel zu finden, ist ein Sensor (ein Messfühler) in ihrem Schnabel, der das Magnetfeld der Erde messen kann. Unsere Erde ist wie ein großer Magnet, und deshalb sendet sie magnetische Strahlen, die sogenannten Magnetfelder, aus. Das funktioniert so

ähnlich wie bei unserem Kompass. Durch das ständige Messen der Magnetfelder hat die Taube eine kleine Landkarte im Kopf, die ihr immer ganz genau sagt, wo sie sich befindet und wohin sie fliegen muss, um nach Hause zu kommen.

Aber auch Brieftauben müssen erst einmal lernen, wo sie zu Hause sind. Man kann sie nicht einfach von irgendwo losfliegen lassen, wenn man ihnen den Weg vorher noch nie gezeigt hat. Von ihrem »Schlag« aus – so heißt ihr Zuhause – fliegen die jungen Tauben anfangs nicht so weit weg, dass sie nicht mehr zurückfinden würden. Wenn sie wiederkommen, werden sie gefüttert. So lernen die jungen Vögel von Anfang an, wo ihre Familie wohnt – und genau dorthin wollen sie auch wieder zurück. Erst später fahren die Taubenzüchter mit ihnen immer weiter weg und lassen sie dann fliegen. Weil das schon seit Jahrhunderten so gut klappt, hat man früher Briefe mithilfe der Tauben verschickt – daher haben sie auch ihren Namen: Brieftauben.

Wie finden die Eichhörnchen im Winter ihre Nüsse wieder?

Vielleicht hast du schon einmal ein Eichhörnchen dabei beobachtet, wie es im Herbst eine Nuss vergräbt. Das machen die niedlichen Tiere natürlich nicht zum Spaß – ganz im Gegenteil: Die vergrabenen Nüsse schützen sie vor dem Verhungern. Denn Eichhörnchen machen keinen richtigen Winterschlaf, sondern halten eine Art Winterruhe. Das müssen sie auch, um Kräfte zu sparen, weil es im Winter kaum Nahrung für die kleinen Nager gibt. Das Vergraben der Nüsse ist den Eichhörnchen angeboren. Das heißt, dass sie das ganz von selbst machen, ohne dass es ihnen von einem älteren Tier gezeigt werden muss. Sie sammeln die Nüsse im Herbst ein und vergraben sie, indem sie ein kleines Loch buddeln und die Nuss darin verstauen.

Dann wird das Ganze wieder zugescharrt und mit der Nase ein bisschen festgedrückt – fertig ist das Vorratslager. Im Winter verlassen sie ihr Nest (das nennt man auch »Kobel«) immer nur dann, wenn sie Hunger haben. Sie suchen ihre Verstecke auf und nehmen die Nuss mit. Klingt ja ganz einfach – aber wie können sie ein Versteck Monate später wiederfinden, womöglich im Schnee? Man geht davon aus, dass sie ein sehr gutes Gedächtnis haben. Das heißt, sie merken sich bestimmte Dinge auf dem Weg, wie umgestürzte Bäume, kleine Flüsse oder besondere Steine. Außerdem haben sie eine hervorragende Nase, die ihnen auch dabei hilft, den Ort wiederzufinden. Doch auch einem Eichhörnchen kann es passieren, dass es die ein oder andere Stelle vergisst, wo es eine Nuss vergraben hatte. Dann wächst dort im nächsten Frühjahr wahrscheinlich ein kleiner Baum.

Warum heben Hunde beim Pinkeln ihr Bein hoch?

Als Erstes sei gesagt, dass dies hauptsächlich Rüden tun, also die männlichen Hunde. Die Weibchen hocken sich eher hin. Natürlich gibt es auch immer wieder Ausnahmen, aber normalerweise ist es so. Die Welt der Hunde sieht ein bisschen anders aus als unsere. Oder: Hunde nehmen die Welt um sich herum ganz anders wahr als wir. Sie »sehen« hauptsächlich mit der Nase. Deshalb wird auch alles beschnüffelt, egal ob das ein anderer Hund, ein Mensch oder ein Baum ist. Das ist für die Vierbeiner sehr wichtig, denn nur mithilfe ihrer Nase wissen sie genau, wo sie sind und mit wem sie es zu tun haben. Man sagt deshalb auch, sie »lesen Zeitung«, wenn sie mit Herrchen oder Frauchen unterwegs sind. Ihre Welt ist voller Düfte, mit denen sie Nachrichten aufnehmen, aber auch selbst welche schreiben können. Und genau das tun sie, wenn sie an einen Baum oder einen Laternenpfahl pinkeln. Dabei lautet die Botschaft: Ich war hier und dieser Teil gehört zu meinem Revier! Weil das hauptsächlich die Männchen machen, sieht man sie dann dabei, wie sie ihr Bein heben. Das erhobene Bein dient in dem Fall dazu, die Nachricht möglichst weit oben anzubringen. Denn: Wer es am höchsten schafft, ist der Chef. Zumindest sehen das die Hunde so. Derjenige, der am weitesten oben »markiert«, schafft es, andere Hunde, die dort zuvor ihre Duftmarke gesetzt hatten, zu überschreiben. Außerdem hat es noch einen ganz praktischen Grund: Wenn der Hund mit dem hochgezogenen Bein pinkelt, setzt er seine Duftmarke genau auf Nasenhöhe der anderen. Der Geruch steigt später vorbeikommenden Hunden dann automatisch direkt in die Nase.

Auch manche Weibchen heben wie gesagt das Bein, wenn sie pinkeln. Das hat dann meistens damit zu tun, dass sie den männlichen »Verehrern« in der Gegend zeigen wollen, wo sie zu finden sind, sollte der ein oder andere vielleicht eine Familie gründen wollen. Manchmal kommt es aber auch vor, dass ein Weibchen aus dem gleichen Grund wie die Männchen das Bein hebt: Damit zeigt die Hündin, dass sie hier Chef ist und das auch bleiben will.

Stimmt es, dass sich Elefanten an alles erinnern und Angst vor Mäusen haben?

Die Antworten lauten: Nein und Nein! Nein, weil es nicht stimmt, dass Elefanten das beste Gedächtnis aller Tiere haben und sich an alles erinnern. Sie haben die größten Gehirne von allen Tieren, die auf dem Land leben, und können sich an vieles erinnern. Aber genauso gut können das zum Beispiel auch Hunde. Ebenso merken sie sich genau, wer ihnen Gutes und wer Böses angetan hat. Damit gehört der Elefant zu den Tieren mit dem besten Gedächtnis. Aber er ist nicht der Einzige.

Das zweite Nein gilt der Geschichte, dass Elefanten Angst vor Mäusen haben. Das hat in den 1940er-Jahren der berühmte Zoologe Bernhard Grzimek bewiesen. Er ging einfach mit ein paar Mäusen im Gepäck zu einem Zirkus und fragte, ob er den dort lebenden Elefanten die kleinen Tierchen vor die Nase setzen dürfe. Gesagt, getan: Die Elefanten beschnupperten die Mäuse mit ihrem Rüssel – aber keiner ergriff dabei die Flucht. Das liegt daran, dass Elefanten grundsätzlich sehr neugierige Tiere sind. Außerdem haben sie vor fast gar nichts Angst, denn sie wissen, wie groß sie sind und dass sie deswegen fast gar keine Feinde haben, die ihnen gefährlich werden können. Das gilt leider nicht für den Menschen und einige wenige Raubtiere.

Warum verlieren die Nadelbäume ihre Nadeln im Herbst nicht?

Im Herbst verlieren die Bäume ihre Blätter – aber die Blätter der Nadelbäume sind ja eigentlich ihre Nadeln. Warum fallen sie nicht auch ab?

Das hat etwas mit dem Aufbau der Blätter und Nadeln zu tun: Blätter sind im Vergleich zu den Nadeln ziemlich groß und brauchen viel Wasser. Wenn es kalt wird, bekommen die Bäume weniger Wasser, weil der Regen, der zu Boden fällt, gefriert oder schon gefroren ankommt – als Schnee. Das reicht nicht aus, um die Blätter und den ganzen Baum mit genügend Flüssigkeit zu versorgen. Außerdem würden die Blätter, eben weil sie zum großen Teil aus Wasser bestehen, einfach einfrieren und dann absterben. Deshalb helfen sich die Bäume und werfen die Blätter während der kalten Jahreszeit ab. Die Nadelbäume haben es da ein bisschen leichter. Ihre Nadeln brauchen nicht so viel Wasser und sind kleiner, deshalb können sie auch nicht so schnell einfrieren. Außerdem ist jede einzelne Nadel mit einer

Wachsschicht überzogen. Sie sorgt dafür, dass das Wasser nicht so schnell gefrieren kann.

Warum können Wespen immer wieder stechen und Bienen nicht?

Zuerst muss man wissen, dass gar nicht alle Wespen und Bienen stechen können. Das tun nämlich nur die Weibchen beider Arten, die Männchen haben gar keinen Stachel! Wenn es dann aber so weit ist und der winzige Stachel sich in unsere Haut bohrt, tut es erst einmal richtig weh, bevor die Stelle später anschwillt, schmerzt und juckt. Wespen können, wenn sie wollen, mehrmals hintereinander stechen.

Bei den Bienen sieht es anders aus: Sie bezahlen einen Stich in unsere Haut mit einem schlimmen Tod. Bei dem Versuch, den Stachel wieder herauszuziehen, reißen sie sich einen Teil ihres Hinterleibes ab und sterben. Das liegt daran, dass der Stachel einer Biene anders aufgebaut ist als der einer Wespe: Der Bienenstachel hat einen Widerhaken, der sich in der Haut verfängt. Der Stachel einer Wespe ist dagegen ganz glatt, sodass ihn die Wespe wieder ganz einfach aus unserer Haut ziehen kann. Wenn eine Biene eine andere Biene sticht, kann sie das auch, nur in unserer dehnbaren Haut schafft sie es nicht. Ihr Stachel hat aber auch generell eine andere Aufgabe als der Stachel der Wespen: Er dient nur der Verteidigung, zum Beispiel wenn sich Bienen aus einem anderen Bienenstock nähern. Wespen dagegen brauchen ihren Stachel, um andere Insekten zu jagen und zu fressen.

Die Biene sticht also nur im absoluten Notfall – das ist für sie leider auch manchmal der Fall, wenn wir sie berühren – und bezahlt das dann oft mit ihrem eigenen Tod. Eine Wespe sticht viel schneller zu, weil ihr dabei ja nichts passiert und weil sie es viel öfter tut, um an Nahrung zu kommen. Deshalb lautet in beiden Fällen der Ratschlag: Immer ruhig bleiben! Nicht pusten oder mit den Händen wedeln! Denn weder eine Wespe noch eine Biene sticht einfach nur zum Spaß zu. Wenn sie nicht bedroht wird, ist alles gut. Vor allem für Menschen mit einer Allergie kann es sonst wirklich gefährlich werden. Sie reagieren viel stärker als andere auf das Gift, das sich im Stachel der Tiere befindet. Manchmal sogar so heftig, dass man sofort den Notarzt rufen muss, damit er ihnen eine Spritze gegen die Allergie geben kann.

Stecken Strauße bei Gefahr wirklich ihren Kopf in den Sand?

Obwohl die Redewendung »Steck den Kopf nicht in den Sand« entstanden sein mag, weil es heißt, dass Strauße dies bei Gefahr tun, lautet die Antwort: Nein. Strauße stecken ihre Köpfe nicht in den Sand. Vielleicht stammt der Spruch daher, dass kleine Kinder meinen, niemand könne sie finden, wenn sie sich die Augen zuhalten: Wenn ich euch nicht sehen kann, könnt ihr mich auch nicht sehen!

Ein Strauß macht das jedenfalls nicht so. Droht Gefahr, legen sich die Tiere flach auf den Boden, damit der Feind sie nicht entdecken kann. Und das funktioniert auch besonders gut: Durch die Farbe ihres Gefieders kann man sie nämlich kaum erkennen, sobald sie auf dem Boden der Savanne liegen – dem tropischen Grasland ihrer Heimat. Die Geschichte, dass sie ihren Kopf in den Sand stecken, könnte auch daher kommen. Denn sie sind in diesem Moment so gut getarnt, dass Kopf und Hals wirklich nicht mehr zu sehen sind. Da kann man schon auf die Idee kommen, dass sie in die Erde eingetaucht sind. Genauso sieht es aus, wenn sie sich auf ihr Nest mit den Küken legen, um sie zu schützen. Wahrscheinlich hält sich deshalb das Gerücht so hartnäckig, dass sie den Kopf in den Sand stecken.

Wieso können wir sehen und warum haben manche Tiere Tausende von Augen?

Wir benutzen unsere Augen den ganzen Tag lang – und das meistens, ohne darüber nachzudenken, wie das eigentlich funktioniert. Dabei wäre das Leben wirklich schwierig, wenn wir plötzlich nichts mehr sehen würden. Das kannst du ausprobieren, indem du dir für ein paar Minuten die Augen verbindest und versuchst zurechtzukommen. Du bist bestimmt erleichtert, wenn du die Augenbinde wieder abnehmen darfst und sehen kannst. Damit das klappt, muss unser Auge so gebaut sein, dass es dem Gehirn Bilder liefern kann. Am Ende ist es aber dann das Gehirn, das ein Bild daraus werden lässt. Deshalb ist es ja auch immer wieder lustig, wenn man sich Bilder mit optischen (sichtbaren) Täuschungen anschaut. Denn in diesem Fall wird das Gehirn ausgetrickst. Auf dem Bild ist dann eigentlich etwas anderes zu sehen als das, was wir darauf erkennen. Das Gehirn sieht nur, was es schon kennt, und deshalb wird es einfach dazu gemacht.

Aber wie funktioniert denn eigentlich das Sehen? Alles, was sich um uns herum befindet, wird vom Licht reflektiert (das heißt zurückgestrahlt). Das Bild davon wird von unseren Augen aufgenommen. Es trifft auf die sogenannte Hornhaut – das ist die leicht nach vorn gewölbte durchsichtige Haut vorn auf dem Auge – und dann auf die Linse. Von dort wird das Bild weiter an die Netzhaut gegeben, die innen und ganz hinten im Auge liegt. Das Bild wird – ähnlich wie der Film auf die Leinwand im Kino – auf die Netzhaut geworfen. Dort steht es auf dem Kopf, ist also falsch herum. Aber warum sieht man es dann richtig herum? Dafür ist das Gehirn zuständig. Das Bild wird von der Netzhaut über Nervenbahnen dorthin geschickt und vom Gehirn einfach umgedreht. Erst dann wissen wir, was wir sehen. Das geht natürlich alles so schnell, dass wir es gar nicht mitbekommen.

Und wie ist das bei den Tieren – sehen sie genauso wie wir? Die meisten Tiere sehen anders als wir Menschen. Das hat etwas damit zu tun, wie sie leben. Denn Raubtiere zum Beispiel müssen andere Dinge gut sehen können als der Mensch oder ein Insekt. Deshalb sind auch die Augen der Tiere manchmal ganz anders aufgebaut als unsere. Da gibt es Tierarten, die können, ohne sich zu bewegen, nach hinten sehen, und Insekten, die nicht nur zwei, sondern gleich ein paar Tausend Augen besitzen!

Die meisten Huftiere, wie Pferde oder Rehe, haben ähnliche Augen wie wir, aber sie sitzen an einer anderen Stelle im Kopf – nämlich seitlich. Und das ist auch gut so, denn die Huftiere sind sogenannte Fluchttiere. Das heißt, sie können nur überleben, wenn sie rechtzeitig vor ihren Feinden fliehen. Das klappt aber nur, wenn sie die Angreifer so schnell wie möglich entdecken. Durch die seitliche Lage ihrer Augen haben sie einen Rundumblick: Sie sehen gleichzeitig, was vor, neben und hinter ihnen passiert – ohne den Kopf dabei drehen zu müssen. Nur ganz genau vor ihrer Nase und direkt hinter sich können sie nichts sehen. Aber das macht auch nichts, denn sie haben einen Feind schon entdeckt, lange bevor er ihnen so nahe kommen kann. Die einzigen Tiere, die genauso sehen wie wir, sind die Affen. Ihre Augen sind wie unsere darauf ausgelegt, dass sie gut Entfernungen einschätzen können. Das hilft ihnen bei ihren waghalsigen Kletteraktionen, denn nur so wissen sie genau, wie lange ein Sprung sein muss, damit sie nicht neben, sondern auf dem Ast laden.

Auch bei Raubtieren wie dem Löwen oder anderen gefährlichen Vierbeinern ist es am wichtigsten, dass sie Entfernungen gut abschätzen können. So wissen sie, wie schnell sie sein müssen, um ein Beutetier zu erlegen. Ebenso haben wir Menschen Augen, die nach vorn gerichtet sind – schließlich waren auch wir einmal Jäger. Die Raubkatzen verfügen aber noch über eine Besonderheit, von der wir Menschen nur träumen können: Sie haben eine Art eingebautes Nachtsichtgerät in ihren Augen. Es funktioniert wie bei der Katze (siehe Seite 25) und ermöglicht es den Tieren, selbst bei Dunkelheit noch ziemlich viel sehen zu können.

Dann gibt es noch die Insekten, die ganz andere Augen haben als die Säugetiere. Sie haben nicht nur zwei, sondern gleich Tausende Augen – und zwar ohne Augenlider, denn die brauchen sie nicht. Die Augen sind wie in einem Mosaik aneinandergereiht – man nennt sie »Facettenaugen«. Auch bei ihnen ist es zum Schluss das Gehirn, das die zahlreichen Bilder zu einem einzigen zusammenfügt. Obwohl Insekten so viele Augen haben, sehen sie aber nicht besser als wir. Im Gegenteil, für sie ist alles etwas unscharf. Aber was nutzen ihnen dann die ganzen Augen, wenn sie so schlecht damit sehen? Auch bei ihnen geht es darum, optimal für ihre besonderen Zwecke zu sehen. Das ist im Fall eines Insektes das Erkennen von Bewegungen. Dadurch, dass die Augen auf diese Weise angeordnet sind, sehen Insekten alles wie in Zeitlupe. Das heißt, sie können Bewegungen viel besser wahrnehmen als wir. Das hilft ihnen beim Überleben, denn bevor zum Beispiel der Kuhschwanz oder die menschliche Hand ihnen zu nahe kommt, sind sie schon längst über alle Berge. Sie sehen »den Feind« in Zeitlupe auf sich zukommen. Diese Eigenart der Insektenaugen ist aber auch der Grund dafür, warum ein Trick fast immer funktioniert: Wenn man zum Beispiel eine Fliege fangen will, muss man sich nur ganz, ganz langsam bewegen. Und zum Schluss sehr schnell sein. Die langsame Bewegung zusammen mit dem Zeitlupentrick ihrer Augen macht es ihnen unmöglich, die Bewegung dann überhaupt noch wahrzunehmen. Probiere es einfach mal aus!

Die »besten« Augen, was die Sehschärfe betrifft, haben Greifvögel. Sie können aus großen Höhen ganz unten im Gras winzige Tiere wie zum Beispiel Mäuse entdecken. Das müssen sie auch, um aus der Luft jagen zu können. Ihre Augen sind so aufgebaut, dass sie so ähnlich wie ein Fernglas funktionieren. Das macht es ihnen möglich, auch die kleinsten Bewegungen aus großen Entfernungen zu sehen.

Ein Problem haben Tiere dann, wenn sie eine Sehschwäche bekommen. Wir würden uns in diesem Fall einfach eine Brille aufsetzen – bei Tieren geht das natürlich nicht. Aber wenn sie beim Menschen leben, wie zum Beispiel unsere Haustiere, kann man sie beim Tierarzt operieren lassen. Danach können die meisten wieder ganz prima sehen.

Stimmt es, dass man stirbt, wenn man bestimmte Quallen berührt?

Obwohl Quallen zu den ältesten Tieren der Welt gehören – es gibt sie nämlich schon seit über einer halben Milliarde Jahren! – kennen sie die meisten von uns aus dem Urlaub. Da schwimmt man nichtsahnend im Meer und auf einmal taucht neben einem eines dieser merkwürdigen Glibbertiere auf. Die einen verlassen dann kreischend das Wasser, die anderen schwimmen einfach weiter oder schubsen das Tier ein Stück beiseite. Eines sei dabei gleich gesagt: Das Schubsen ist keine gute Idee. Obwohl die meisten Quallenarten, denen wir bei unserem Urlaub im Mittelmeer begegnen, nicht giftig sind, kann ein Stich von ihren Tentakeln – so heißen ihre Fangarme – doch sehr schmerzhaft sein. Womöglich muss man sogar ins nächste Krankenhaus, um sich behandeln zu lassen. In Australien aber zum Beispiel kann es passieren, dass man einem der giftigsten Tiere der Welt begegnet – und das endet dann tatsächlich tödlich!

Bevor du mehr darüber erfährst, solltest du erst einmal wissen, wie eine Qualle überhaupt lebt. Quallen sind echte Überlebenskünstler: Sie können nämlich stundenlang ohne Sauerstoff auskommen, weil sie diesen einfach in ihrem Körper speichern. Außerdem werden sie nicht so schnell verhungern, denn wenn es einmal zu wenig Nahrung gibt, fressen sie einfach Stücke von ihrem eigenen Körper – es wächst alles wieder nach! Es gibt Quallenarten, die fast 200 Kilogramm Gewicht erreichen können! Die meisten sind aber wesentlich kleiner. Sie lassen sich von der Strömung durch das Meer treiben, können aber auch aus eigenem Antrieb schwimmen. Dazu ziehen sie ihren Schirm zusammen und lassen ihn dann schnell wieder aufspringen. Auf diese Art können sie sogar über 10 Stundenkilometer schnell werden. Quallen sind wunderliche Wesen, die zu der Art der Hohltiere gehören. Das heißt, dass sie nur aus ihren Tentakeln, einem Mund und einem Magen bestehen. Alle anderen Organe, die wir zum Beispiel von den Säugetieren kennen, wie Herz, Lunge oder Gehirn, sucht man bei ihnen vergeblich. Es ist faszinierend, sie dabei zu beobachten, wie sie durchs Wasser schweben. Mit ihren Tentakeln fangen sie ihre Beute, die sie dann verspeisen. Dafür sind die Tentakel über und über mit winzigen »Nesselzellen« bedeckt. Wenn man eine Qualle berührt beziehungsweise eine Qualle ihr Opfer, schießt sofort aus jeder der Nesselzellen ein winziger Pfeil, in dem sich Gift befindet. Er bohrt sich in die Haut des Opfers und setzt das Gift frei. Die kleinen Fische, die von den Quallen so gefangen werden, sterben daran und werden gefressen. Auf diese Weise wehren sich die Quallen aber auch gegen Feinde. Berühren sie uns, kommt es bei den harmloseren Arten zu einem Jucken oder Brennen.

Trifft man allerdings auf die Seewespe, sieht die Sache anders aus: Bei einem Kontakt mit ihren Tentakeln hat man nur noch wenige Minuten, bis man stirbt. Ihr Gift ist so stark, dass der Herzmuskel gelähmt wird und das Herz aufhört zu schlagen. Es gibt zwar ein Gegengift, aber das müsste man dann genau in dieser Minute dabeihaben. Jedes Jahr sterben fast 100 Menschen durch den Stich der Seewespe! An den Stränden in Australien gibt es deswegen auch ganz bestimmte Bereiche, in denen man baden kann, ohne Angst vor der Seewespe haben zu müssen. Dazu werden Netze gespannt, sodass die Tiere nicht in den Badebereich gelangen können.

NATURPHÄNOMENE

Wie kommen die Löcher in den Käse?

Wenn man Käse herstellen möchte, muss man Bakterien in Milch geben. Das hört sich zuerst einmal merkwürdig an, denn Bakterien machen doch krank, oder? Es gibt aber gute und schlechte Bakterien. Die schlechten Bakterien machen uns krank, das stimmt. Aber die guten können uns bei vielen Dingen helfen. Wie zum Beispiel beim Käsemachen: Bakterien sind klitzekleine Lebewesen, die bestimmte Teile der Milch aufessen. Dadurch wird die Milch härter – und somit zu Käse. Beim Essen und Verdauen entstehen bei den Bakterien aber genauso wie bei uns Menschen Gase. Wenn ein Bakterium isst, atmet und pupst, machen die dabei entstehenden Gase die Löcher in den Käse. Je mehr Bakterien in die Milch gegeben werden und je wärmer es ist, umso mehr und umso größere Löcher entstehen.

Warum bleibt die Zunge manchmal am Eis kleben?

Wenn Wasser gefriert, wird es zu Eis. Genau dasselbe passiert mit der Spucke, die sich auf der Zunge befindet. Sobald sie mit dem kalten Eis in Berührung kommt, friert sie fest und damit auch die Zunge. Wie geht das? Spucke besteht hauptsächlich aus

Wasser, und genau aus diesem Grund gefriert sie auch genauso bei kalten Temperaturen. Was kann man machen, wenn einem die Zunge am Eis festgefroren ist? Das Wichtigste: Auf keinen Fall reißen! Am besten ist es, kurze Zeit zu warten. Denn dann hat die Wärme der Zunge das Eis geschmolzen – und man ist im Nu wieder frei!

Warum muss man beim Zwiebelnschneiden weinen?

Wenn man in die Nähe einer Zwiebel kommt, die gerade aufgeschnitten wird, dauert es meistens nicht lange, bis die Tränen fließen. Das liegt aber nicht daran, dass man so furchtbar traurig ist, weil einem die arme Zwiebel leidtut. Es liegt an der Schärfe der Zwiebel. Denn jede Zwiebel enthält einen scharfen Saft, der durch das Aufschneiden nach draußen gelangt. Wenn er einmal draußen ist, verteilt sich seine Ausdünstung mit der Luft, bis sie in das Auge gelangt. Dort angekommen, reizen die scharfen Gerüche das Auge. Es beginnt zu tränen, damit der unangenehme Saft wieder ausgespült wird.

Wieso kleben Nudeln im Topf zusammen?

Es ist nicht immer einfach, die gerade gekochten Nudeln heil auf den Teller zu bekommen. Das liegt meistens daran, dass sie alle zu einem Haufen zusammenkleben und nur schwer wieder zu entwirren sind. Schuld daran ist das Mehl, das in den Nudeln steckt. Denn im Mehl befindet sich viel Stärke, genau wie in den Kartoffeln. Aber was ist denn »Stärke« überhaupt? Das ist ein Stoff, der aus unzähligen Zuckerteilchen besteht. Wenn man Nudeln kocht, kann die Stärke aus den Nudeln austreten und zusammen mit dem Wasser zu einer klebrigen Masse werden. Das ist dann auch der Grund dafür, warum die Nudeln aneinanderkleben! Damit du die Nudeln aber doch noch ohne Unfall auf deinen Teller bekommst, gibt es einen ganz einfachen Trick: Rühre immer wieder um, solange sich die Nudeln noch im Wasser befinden. Dadurch löst du die Verklebungen und die Nudeln sind ganz einfach zu portionieren.

Warum fühlt sich Wasser nass an?

Das ist eine schwierige Frage, die nur mit einer »merkwürdigen« Antwort zu erklären ist: Wasser ist nass, weil wir gelernt haben, was »nass« bedeutet. Wenn wir sagen, es ist nass, dann meinen wir damit, dass es feucht und flüssig ist. Eigentlich ist Wasser aber nass, weil es sehr gut haftet. Was soll das denn heißen? Die kleinen Teilchen, aus denen Wasser unter anderem besteht, nennt man Moleküle. Diese Moleküle des Wassers haben vor allem eine ganz besondere Eigenschaft: Sie haften sehr gut. Das heißt, wenn man zum Beispiel einen Finger in Wasser taucht, wird er sofort von den Teilchen im Wasser umschlossen. Es ist wie ein Netz, das sich um alles legt, was man ins Wasser taucht. Deshalb spricht man ja auch von »benetzt«, wenn man meint, dass etwas mit Wasser überzogen ist. Wasser fühlt sich also nass an, weil es so gut an der Haut »klebt«.

Aus was besteht unsere Luft?

Das ist schon erstaunlich: Wir atmen sie Tag und Nacht ein und aus und brauchen sie, um zu überleben. Wir könnten mehrere Wochen ohne Essen überstehen, aber nur ein paar Minuten ohne Luft. Doch wer weiß schon ganz genau, aus was sie besteht, die Luft, die wir atmen? Dabei ist sie überall, und obwohl man sie nicht sehen kann, umhüllt sie die ganze Erde. Diese Hülle aus Luft nennt man »Atmosphäre«. Wenn es sie nicht gäbe, wäre kein Leben auf der Erde möglich! Unsere Luft ist eine Mischung aus verschiedenen Gasen:

- Sauerstoff: Er ist der wichtigste Teil, den wir zum Atmen brauchen.

- Kohlendioxid: Diesen Teil benötigen hauptsächlich die Pflanzen zum Wachsen.

- Andere Gase wie Stickstoff und Argon.

- Wasserdampf: Daraus entstehen die Wolken, wenn er nach oben steigt.

- Verschmutzungen wie Feinstaub: Der kommt leider von uns Menschen – zum Beispiel durch Autos und Fabriken.

Je nachdem, ob wir uns sehr anstrengen oder einfach nur ruhig daliegen, verbrauchen wir mehr oder weniger Luft. Ein Kind atmet öfter ein und aus als ein Erwachsener. Generell ist es aber so, dass ein Mensch ungefähr 17 Mal pro Minute einatmet. Das heißt, man atmet dann ungefähr 8,5 Liter Luft innerhalb einer Minute ein, das sind am Tag rund 12 200 Liter!

Was sind Vitamine?

Vitamine sind gesund und kommen vor allem in Obst und Gemüse vor – das weiß jeder. Aber was sind Vitamine eigentlich genau? Vitamine sind deshalb so wichtig für unseren Körper, weil wir sie nicht selbst herstellen können. Wir brauchen sie aber, um gesund zu bleiben, und sollten deshalb immer darauf achten, dass wir sie in ausreichenden Mengen bekommen. Man kann sie mit dem bloßen Auge nicht sehen, denn es sind Stoffe, die sich in den verschiedenen Lebensmitteln verbergen. Aber man kann messen, wie viel von welchem Vitamin im Essen steckt. Jedes Vitamin hat eine andere Wirkung auf den Körper: Das Vitamin A ist zum Beispiel sehr wichtig, damit unsere Augen gut funktionieren können und die Zellen »Futter« für ihr Wachstum bekommen. Es versteckt sich in verschiedenen Obst- und Gemüsesorten wie Aprikosen, Spinat, Brokkoli und Tomaten. Aber auch im Käse oder in der Butter kann man eine gute Menge davon finden. Dann gibt es noch das recht bekannte Vitamin C: Es hilft dem Körper bei sehr vielen Dingen, wie zum Beispiel beim Verheilen von Wunden oder bei der Abwehr von Krankheiten. Ohne Vitamin C würden wir schnell krank und dafür umso langsamer wieder gesund werden. Man findet es vor allem in Zitrusfrüchten wie Zitronen, Orangen und Mandarinen, aber auch in vielen Gemüsesorten.

Es gibt natürlich noch viel mehr verschiedene Vitamine. Wichtig ist dabei die Unterscheidung zwischen den sogenannten »wasserlöslichen« und den »fettlöslichen« Vitaminen. Wie der Name schon verrät, lösen sich die einen in Wasser und die anderen in Fett auf. Deshalb ist wichtig, dass du Karotten zum Beispiel am besten als Salat isst, der mit Öl angemacht ist. Denn in der Karotte befindet sich das fettlösliche Vitamin A, und dein Körper kann es nur aufnehmen, wenn er dazu auch etwas Fett bekommt. Anders ist es bei den wasserlöslichen Vitaminen: Sie können ohne Fett aufgenommen werden. Fettlösliche Vitamine kann der Körper aber auch speichern, sodass er sich einen kleinen Vorrat anlegen kann. Bei den wasserlöslichen funktioniert das nicht. Trotzdem hält der Speicher auch nicht gerade lange vor. Deshalb ist es wichtig, dass man jeden Tag neue Vitamine »nachliefert«, denn nur so kann der Körper richtig funktionieren.

Wie funktioniert ein Tintenkiller?

Jedes Kind hat einen Tintenkiller in seinem Mäppchen und ist auch oft sehr froh darüber. Denn wenn einem dann doch einmal beim Schreiben mit dem Füller ein kleiner Fehler passiert, ist der Tintenkiller der Retter in der Not. Mit ein paar Strichen ist alles wieder gelöscht und man kann das neue Wort fehlerfrei darüberschreiben. Manchmal kommt es einem fast schon wie Zauberei vor, wie der Tintenkiller alles innerhalb von ein paar Sekunden »auffrisst«. Das geht aber nur mit der Tinte eines Füllers, weil sie eigentlich nichts anderes als blau gefärbtes Wasser ist. Im Tintenkiller befinden sich chemische Stoffe, welche die blauen Farbteilchen in der Tinte unsichtbar machen. Das Erstaunliche dabei ist: Sie sind immer noch da! Nur für unsere Augen eben nicht mehr sichtbar. Es sieht so aus, als wäre die Tinte verschwunden und das Blatt einfach weiß.

Warum verbrennt der Docht einer Kerze nicht sofort?

Es sieht so einfach aus: Man zündet eine Kerze an und sie brennt. Aber was muss alles passieren, damit das auch klappt? Und wieso verbrennt der Docht nie sofort? Zuerst muss man wissen, aus was eine Kerze besteht. Der Docht ist hauptsächlich aus Baumwolle gemacht. Dann gibt es den »Kerzenkörper« – er besteht aus Wachs. Und das ist eine Mischung aus zwei Stoffen: Kohlenstoff und Wasserstoff. Dieser Teil der Kerze ist sozusagen das Futter für das Feuer. Wenn das Wachs heiß wird, fängt es an zu schmelzen – bei etwa 800 Grad Celsius – und klettert den Docht hinauf. Je höher es gelangt, umso heißer wird es und umso mehr wird es von der Hitze nach oben gedrückt. Ganz oben angekommen, hat es dann schon eine Temperatur von rund 1000 Grad. Das ist der Moment, in dem das flüssige Wachs mit dem Sauerstoff in der Luft reagiert: Es fängt an zu brennen und verdampft. An diesem Punkt des Dochts schimmert die Flamme bläulich. Kurz darauf erreicht die Flamme ungefähr 1200 Grad, an der Spitze des Dochts sogar stolze 1400 Grad! Bei der Verbrennung ist es so heiß, dass dadurch immer wieder neues flüssiges Wachs nach oben gezogen wird. Das passiert so lange, bis kein Wachs mehr da ist und die Kerze abgebrannt.

Der Docht ist dabei nur die »Leitung« für das Wachs, denn die geflochtene Baumwolle ist sehr saugfähig, brennt aber nicht so schnell wie das Wachs. Durch ihn wird das Wachs nach oben zur Flamme gebracht. Er ist also eine gute Leitung für das Wachs, brennt aber selbst viel langsamer ab. Das ist auch der Grund dafür, warum er nicht sofort in Flammen aufgeht, sobald man die Kerze anzündet. Aber vielleicht hast du auch schon einmal beobachtet, dass der Docht nach einer Zeit ein Stückchen abbricht. Das ist dann der Teil, der langsam verbrannt und zu Asche geworden ist. Das ist auch gut so, denn wenn er gar nicht abbrennen würde, wäre der Weg für das Wachs nach oben irgendwann zu weit – und die Flamme würde erlöschen. Er brennt also einfach langsam immer ein Stückchen weiter ab und hilft so dem Wachs, nach oben zur Flamme zu gelangen.

Wie kommt der Rost auf mein Fahrrad?

Es ist eine ärgerliche Sache, wenn man nach dem Winter sein Fahrrad das erste Mal wieder benutzen will und feststellt, dass es an manchen Stellen Rost angesetzt hat. Woher kommt der Rost, wenn es doch die ganze Zeit über in der Garage oder im Keller gestanden hat? Rost entsteht immer dort, wo Feuchtigkeit mit Eisen und Sauerstoff aus der Luft zusammentrifft. Der Sauerstoff verbindet das Eisen mit dem Wasser. Das, was dabei herauskommt, nennt man »Eisenoxid«. Die Teilchen vom Wasser haben sich mit den Teilchen vom Eisen dazu verbunden. Das Eisen ist »oxidiert«, also verrostet! Es entsteht dabei aber nicht nur die unansehnliche braune Farbe. Gleichzeitig wird das Eisen durch den Vorgang brüchig. Man sollte Rost deshalb immer so schnell wie möglich entfernen, denn wenn man das nicht tut, kann das Eisen an den verrosteten Stellen brechen. Am besten macht man das mit einer Bürste oder einfach mit Essig. Mit der Bürste ist das ziemlich aufwendig und anstrengend. Im Essig befindet sich Säure, die den Rost auflöst, sodass man ihn danach ganz einfach abwischen kann. Du kannst dein Fahrrad sogar mit Cola von Rost befreien, denn darin steckt auch eine Menge Säure. Auf alle Fälle musst du das Fahrrad danach gut mit Wasser abwaschen, damit der Rost und die Säure nicht auf dem Eisen bleiben. Und damit durch das Wasser nicht wieder neuer Rost entstehen kann, solltest du es auch gut abtrocknen. Das empfiehlt sich übrigens immer, wenn das Fahrrad nass geworden ist. Denn wenn man es nass abstellt, bildet sich der Rost sonst ganz schnell wieder von Neuem – und die ganze Arbeit war umsonst.

Warum wird im Winter Salz auf die Straßen gestreut?

Wenn der Winter da ist und die Straßen mit Schnee und Eis bedeckt sind, kann man immer wieder die Leute vom Winterdienst sehen, die mit ihren großen orangefarbenen Fahrzeugen dafür sorgen, dass wir alle so sicher wie möglich durch die kalte Jahreszeit kommen. Denn Eis und Schnee sind ja bekanntlich nicht gerade die besten Freunde der Autoreifen. Damit man nicht zu sehr rutscht und Unfälle verhindert werden, bestreut man die Straßen im Winter mit Salz. Mittlerweile wird aber auch oft einfach nur Splitt – zerkleinerte Steine – verwendet, damit die Umwelt nicht zu sehr vom Salz belastet wird.

Sobald es Minusgrade gibt und die Straßen eisig und glatt werden, fahren die Leute, die bei der Straßenmeisterei arbeiten, mit ihren Winterdienstfahrzeugen zu riesigen Lagern, in denen tonnenweise Streusalz aufbewahrt wird. Dort befüllen sie die Tanks der Streufahrzeuge, und los geht es auf die Straßen. Hier wird dann der Tank geöffnet und eine Mischung aus Kochsalz, Ton und anderen Mineralien sickert durch eine Öffnung hinten am Fahrzeug gleichmäßig auf die Straße. Sobald das Salz auf das Eis trifft, entsteht ein chemischer Vorgang: Auf dem Eis befindet sich immer auch eine dünne Schicht aus Wasser. Dieses Wasser verbindet sich mit dem Salz und wird dadurch zu einer Salzlösung. Wenn das passiert ist, kann das Wasser auf dem Eis nicht mehr gefrieren und zu neuem Eis werden. Warum? Weil Wasser, wenn es mit Salz vermischt ist, nicht so schnell gefrieren kann. Man sagt dann auch: Das Salz hat einen niedrigeren Gefrierpunkt als das Wasser. Das heißt, Salz gefriert erst viel später als Wasser. Bei Wasser reichen Temperaturen um den Gefrierpunkt, also etwa 0 Grad Celsius, um es zu Eis werden zu lassen. Wenn man es mit Salz mischt, gefriert es aber erst viel später, nämlich bei unter minus 21 Grad. Das ist der Gefrierpunkt für eine Salz-Wasser-Mischung. Streut man allerdings bei noch niedrigeren Temperaturen eine Salzlösung, gefriert auch diese. Deshalb wird in Ländern, in denen es viel kälter ist als bei uns, auch gar nicht mehr gestreut.

Bei uns werden aber selten solche Minusgrade erreicht. Wenn man genug Salz streut, vermischt es sich mit der dünnen Wasserschicht, und das Eis darunter wird immer weiter aufgetaut, bis am Schluss die Straße wieder ganz frei ist.

Aus was besteht Feuer und wie entsteht es?

Feuer ist ein sogenanntes Element, wie Erde, Luft und Wasser. Feuer war für die Menschen schon immer faszinierend. Anfangs hatten sie genauso viel Angst davor wie heute noch alle Tiere, weil sie es nicht beherrschen konnten und weil sie wussten, wie gefährlich es ist. Erst ungefähr 700 000 Jahre vor Christus fingen die Menschen an, mit Feuer umzugehen. Das war ein riesiger Schritt, denn von diesem Moment an konnten sie sich nicht nur gegen Feinde wehren, sondern auch heizen und kochen! Für uns ist das heute alles ganz selbstverständlich, aber damals war das gar nicht so leicht. Die Menschen mussten zum einen lernen, wie man Feuer macht, und zum anderen, wie man damit umgeht, ohne dabei ums Leben zu kommen. Was sie also als Erstes herausfinden mussten, war, wie man überhaupt Feuer macht – das heißt. wie es entsteht. Dafür braucht man sogenannte Komponenten, das sind Dinge, die nötig sind, damit Feuer überhaupt brennen kann. Diese Dinge oder Bedingungen sind:

1. Ein brennbarer Stoff, wie zum Beispiel Holz

2. Sauerstoff, also Luft

3. Energie, also zum Beispiel ein Funken, der das Feuer in Gang setzt

Damit ein Feuer entstehen kann, ist aber noch etwas nötig: der richtige Zeitpunkt. Denn wenn man diese drei Dinge zwar hat, aber nicht weiß, dass man als Erstes den Funken entzünden muss, um ihn dann mit dem Brennstoff (Holz, Papier) und der Luft zu versorgen, bringt einen das keinen Schritt weiter. Auch das mussten die Menschen vor langer Zeit erst lernen. Sie kannten das Feuer ja nur brennend, wenn zum Beispiel ein Blitz in einen Baum eingeschlagen hatte. Es hat lange gedauert, bis sie herausfanden, dass sie zuerst den Funken und dann den Rest brauchten, damit es funktioniert. Sie lernten auch, selbst einen Funken zu erzeugen, indem sie zum Beispiel Steine aneinanderschlugen oder Stöcke aneinanderrieben.

Wenn der Funke dann überspringt, fängt das Gemisch aus Brennstoff und Luft an zu brennen – es entzündet sich. Ist das geschafft, läuft eine sogenannte Kettenreaktion ab. Das kannst du dir vorstellen wie eine Reihe mit Dominosteinen, die du nur einmal anstupst, und der erste Stein fällt um. Danach brauchst du gar nichts mehr zu machen, weil sich die Steine gegenseitig immer weiter anschubsen. So ähnlich funktioniert das mit dem Feuer auch. Wenn sich durch den Funken die kleinsten Teilchen, die Atome (siehe unten), aufgeheizt haben, geben sie diese Hitze automatisch an die nächsten Atome weiter. Auf diese Weise brennt die Flamme. Wenn man ihr aber eines der Dinge wegnimmt, die sie zum Brennen benötigt, also die Luft oder den Brennstoff, geht sie wieder aus.

Was sind Atome?

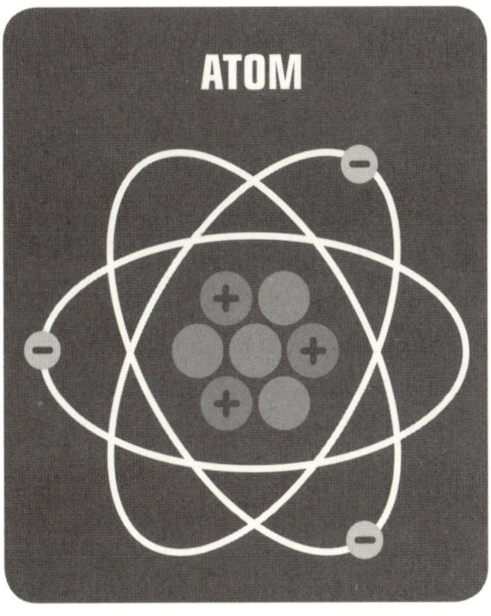

Wenn etwas erklärt wird, geht es so häufig um die Atome, dass man sich einfach fragen muss, was das denn überhaupt ist. Dazu sollte man erst einmal wissen, dass alles, was sich auf unserer Erde befindet, aus unzähligen Atomen besteht – wir auch! Tiere, Pflanzen und sogar Wasser, Luft und Erde bestehen aus diesen winzigen Teilchen. Sie sind so klein, dass wir sie nicht sehen können. Das geht nur mithilfe eines der modernsten und speziell dafür gebauten Mikroskope. Damit kann man sich Dinge sehr stark vergrößert ansehen. Bis jetzt hat man 118 verschiedene Arten von Atomen entdeckt, aber vielleicht gibt es noch mehr. Der Name »Atom« kommt aus dem Griechischen und bedeutet so viel wie »unteilbar«. Man hat es deshalb so genannt, weil man früher dachte, dass ein Atom das kleinste Teilchen ist, das es gibt, und dass es eben deshalb nicht mehr geteilt werden kann. Inzwischen weiß man, dass man sogar Atome teilen kann. Denn jedes Atom hat einen Kern aus winzigen Teilchen im Inneren, und um ihn herum schwirren andere winzige Teilchen, so dass es aussieht, als würden sie eine Wolke bilden. Es gib drei verschiedene Sorten dieser Teilchen: die Protonen, die Neutronen und die Elektronen. Sie sind elektrisch geladen – deshalb kann man mit Atomen auch Strom erzeugen. Man unterscheidet die Atome dadurch, wie groß ihr Kern ist. Das hängt damit zusammen, wie viele Protonen und Neutronen in ihm gebündelt sind.

DER MENSCH

Warum ist nachts alles schwarz-weiß?

Unsere Augen können Farben nur dann wahrnehmen, wenn es hell genug ist. Wenn zum Beispiel die Sonne scheint, prallt das Licht, das von ihr ausgeht, von farbigen Gegenständen oder Lebewesen ab und gelangt in unsere Augen. In diesem Moment sehen wir die Farben. Bei wenig Licht können unsere Augen zwar erkennen, dass da etwas ist – in diesem Fall wäre der Gegenstand aber einfach nur hell- oder dunkelgrau. Die Helligkeit reicht dann nicht aus, um die Farben für unsere Augen sichtbar zu machen, denn das ist erst durch das Licht möglich.

Warum hat man, wenn man schläft, die Augen immer zu?

Das kennst du bestimmt auch: Wenn man einmal so müde ist, dass man kaum noch die Augen offen halten kann. Es ist dann fast so, als wollten sich die Augen mit aller Macht schließen, damit man endlich schlafen kann. Denn das geht tatsächlich nur mit geschlossenen Augen. Doch wozu ist das gut? Würde man im Schlaf nicht viel mehr mitbekommen, wenn die Augen nicht zu wären? Das Auge schließt sich aber, wenn wir uns schlafen legen, ganz von selbst. So etwas nennt man einen Reflex – es passiert, ohne dass wir darüber nachdenken oder es wollen – und das ist auch gut so! Denn es hat gleich mehrere gute Gründe, warum es wichtig ist, dass sich unsere Augen schließen, wenn wir schlafen.

1. Schutz: Solange die Augen geschlossen sind, können keine Fremdkörper eindringen. Das heißt umgekehrt: Hätten wir die Augen beim Schlafen offen, könnte uns ständig etwas hineinfallen, zum Beispiel Staub, Härchen oder Insekten.

2. Gesundheit: Unsere Augenlider sind den ganzen Tag damit beschäftigt, sich immer wieder zu schließen. Das passiert meistens auch als Reflex – wir merken es nicht. Müssten wir aber nicht blinzeln, würden die Augen, die immer mit einem dünnen Tränenfilm bedeckt sind, ganz schnell austrocknen und schmerzen. Die Augenlider halten den Tränenfilm da, wo er hingehört: auf dem Auge. Im Schlaf funktionieren aber viele der Reflexe, die uns tagsüber begleiten, nicht, weil der Körper damit Energie sparen kann. Deshalb bleiben die Augen beim Schlafen einfach zu. Ansonsten würde nämlich auch der Lidreflex, der uns blinzeln lässt, nicht einsetzen, und die Augen würden austrocknen.

3. Ruhe: Wenn sich unsere Augen beim Schlafen nicht schließen würden, wären wir am nächsten Tag wahrscheinlich immer noch ziemlich müde. Denn nur wenn sie im Schlaf geschlossen sind, kann sich auch das Gehirn und der Rest des Körpers erholen. Solange sie offen sind, gelangen immer wieder Bilder und damit auch Reize ins Gehirn. Und weil es wie ein kleiner Computer funktioniert, stürzt es sich auf alles, was es aufnehmen kann, und überlegt sich dabei, was es damit am besten anfängt: Ist es ein Grund zur Freude? Oder sollte man vielleicht doch besser Angst bekommen und schnell das Weite suchen? Ist es lustig, traurig, spannend …? Kurzum – das Gehirn gibt erst dann Ruhe und

erholt sich, wenn keine Bilder mehr über die Augen gesendet werden.

4. Melatonin: Das ist ein Stoff im Körper, ein sogenanntes Hormon. Es sorgt dafür, dass man einschlafen kann. Das Melatonin wird aber unter den Lidern im Auge gebildet und das auch nur dann, wenn es dunkel ist. Also schließen sich unsere Augen, damit der Körper genug Melatonin herstellt, um einschlafen zu können.

Wenn wir also erholt und fit aufwachen und in den nächsten Tag starten wollen, geht das nur, wenn wir mit geschlossenen Augen geschlafen haben!

Warum haben Menschen Angst?

Jeder kennt sie und keiner mag sie: die Angst. Sie kommt, wann sie will, und lässt einen auch oft so schnell nicht wieder los. Genau das ist es, was die Angst so unangenehm macht – dieses Gefühl der Panik und Machtlosigkeit. Dabei ist es ganz unterschiedlich, was diese Angst hervorruft. Die Angst ist so vielfältig wie die Menschen selbst. Manche haben Angst, wenn sie in ein Flugzeug steigen müssen, andere, wenn sie bestimmte Tiere sehen. Es gibt aber auch die Angst vor engen Räumen, großen Plätzen, vor anderen Menschen, vor dem Zahnarzt – und nicht zu vergessen die Angst vor Monstern in der Nacht und so weiter. Wir werden also ziemlich oft von der Angst heimgesucht und versuchen sie dann so schnell wie möglich wieder loszuwerden. Dabei hat sie eigentlich einen durchaus sinnvollen Grund: Sie soll uns schützen! Denn hätten wir vor nichts und niemandem Angst, würde es wahrscheinlich nicht lange dauern, bis uns wirklich etwas passieren würde. Ganz früher, als die Menschen noch in Höhlen lebten, war die Angst der einzige Schutz, um nicht von Raubtieren gefressen zu werden. Hätte damals niemand Angst gehabt, wären die Menschen wahrscheinlich ziemlich schnell ausgestorben. Denn dann wäre ja niemand weggelaufen oder hätte sich versteckt, wenn ein Räuber im Anmarsch war.

Also eigentlich ist die Angst so alt wie die Menschheit und hat gute Gründe. Das Problem ist, dass sie heute oft unbegründet ist und dass man manchmal nicht weiß, wie man sie wieder loswerden kann. Deshalb gibt es sogar ganze Forschungsbereiche, die sich nur damit beschäftigen. Eines ist klar – die Angst ist ganz tief in uns verankert, weil sie auch heute noch ein guter Schutz sein kann. Denn was würde zum Beispiel passieren, wenn jeder ganz ohne Angst und ohne darüber nachzudenken über eine stark befahrene Straße spazieren würde?

Wichtig ist, dass man den Unterschied zwischen begründeten und unbegründeten Ängsten lernt. Denn im Gegensatz zu dem Beispiel mit der Straße rettet es niemandem das Leben, wenn man Angst vor Monstern hat. Sobald man weiß, welche Angst »gut« und welche überflüssig ist, kann man daran arbeiten, die unnötigen Ängste unter Kontrolle zu bekommen. Das schafft man zum Beispiel, indem man sich selbst klarmacht, ob es sich gerade um eine wirkliche Bedrohung handelt oder nicht. Außerdem gibt es verschiedene Tricks, wie man die Angst in den Griff bekommen kann – zum Beispiel durch beruhigende Atemtechniken.

Wie wächst unser Körper?

Das ist schon erstaunlich, da hat man gerade vor ein paar Monaten neue Schuhe bekommen und schon sind sie wieder zu klein. Wenn das passiert, bist du gewachsen. Aber wie macht das der Körper eigentlich? Und woher weiß er, wie groß er werden soll?

Der Körper wächst, indem sich seine Zellen teilen. Zellen sind die kleinsten lebenden Teile jedes Menschen, aus denen der Körper besteht. Wir müssen sie mit Nahrung und Flüssigkeit versorgen, damit sie gesund bleiben und wachsen können. Ist das der Fall, teilen sie sich so lange, bis man die Größe erreicht, die vorgegeben ist. Was heißt denn vorgegeben? In jeder einzelnen Zelle in unserem Körper (davon hat ein Mensch ganze hundert Billionen! Das ist eine 1 mit vierzehn Nullen: 100 000 000 000 000!) ist eine Art Bauanleitung gespeichert. Man nennt sie »Gene«. In dieser Bauanleitung ist genau festgehalten, wie schnell sich die Zellen teilen sollen und wie lange sie das tun sollen. Sozusagen hundert Billionen winzigster Baupläne von einem Menschen.

Wenn die Zellen mit allen Nährstoffen gut versorgt werden, können sie ganz nach Anleitung wachsen. Dabei gibt es verschiedene Phasen: Am meisten wachsen Menschen als Kleinkinder und als Teenager – und wenn sie erwachsen sind, gar nicht mehr. Wann das passiert, steht auch ganz genau in den Genen. Von diesem Moment an werden wir dann immer älter, bis wir irgendwann sterben.

Warum bekommt man Schrumpelfinger, wenn man lange im Wasser ist?

Unsere Finger leisten den ganzen Tag lang harte Arbeit für uns. Deshalb werden sie mit einer Schicht aus Hornhaut geschützt. Diese Hornhaut ist dicker als am Rest des Körpers. Beim Baden saugt sie sich mit Wasser voll und quillt auf. Wenn die Hautzellen dann über längere Zeit sehr viel Wasser aufgenommen haben, werden sie immer dicker, sodass es irgendwann aussieht, als hätte die Haut Dellen. Diese Dellen machen den »Schrumpeleffekt« aus, den wir dann sehen können.

Warum tun in der Höhe die Ohren weh?

Um zu verstehen, woher der Druck im Ohr kommt, wenn man zum Beispiel auf einen Berg fährt oder im Flugzeug sitzt, muss man sich das Ohr erst einmal genauer ansehen. Im Ohr befindet sich das Trommelfell. Das ist eine ganz dünne Haut, die das Innenohr vor den äußeren Einflüssen schützt. Es liegt wie eine Grenze aus Haut zwischen dem Gehörgang und dem Innenohr.

Der Ohrendruck hat etwas mit dem Luftdruck zu tun. Überall auf der Welt herrscht ein bestimmter Luftdruck. Auf den Bergen oder hoch oben in der Luft ist er geringer als im Tal. Das liegt daran, dass die Luft aus unzähligen kleinsten Teilchen besteht. Diese Teilchen sind im Tal dichter aneinandergedrängt als auf dem Berg. Das liegt an der Erdanziehungskraft: Die Teilchen werden nach unten gezogen und tummeln sich deshalb weiter unten enger – und der Druck steigt.

Wenn wir also einen Berg hinauffahren, verändert sich der Luftdruck, und das merkt auch unser Ohr. Denn hinter dem Trommelfell, im Innenohr, herrscht ein eigener Druck. Normalerweise ist er vor und hinter dem Trommelfell gleich. Wenn wir zum Beispiel langsam auf einen Berg gehen, spüren wir noch keinen Druck im Ohr, denn das kann das Ohr allein ausgleichen. Bewegen wir uns aber schnell auf oder ab, etwa im Flugzeug, schafft es das Ohr nicht mehr so schnell, den Unterschied auszugleichen, und wir bekommen Ohrendruck.

Man kann dem Ohr dabei aber auch immer helfen, indem man entweder herzhaft gähnt oder einen Kaugummi kaut. Die Bewegung des Kiefers gleicht dann den unterschiedlichen Druck im Ohr über den Rachen (Mundraum) aus.

Warum muss ich Zähne putzen und die Tiere nie?

Das liegt daran, dass wir viele Dinge essen, die unseren Zähnen schaden, wie zum Beispiel Zucker. Tiere machen so etwas nicht, außer wir füttern sie damit. Damit unsere Zähne durch die schädlichen Nahrungsmittel nicht kaputtgehen und von Karies aufgefressen werden, müssen wir sie putzen. Bei den Tieren ist das anders: Zuerst fressen sie etwas, das ihren Zähnen nicht schadet. Und dann haben auch sie ihre Methoden, ihr Kauwerkzeug sauber zu halten. Hunde machen das zum Beispiel, indem sie auf harten Knochen herumkauen und so den Schmutz abschaben. Andere Tiere benutzen bestimmte Pflanzen, mit denen sie ihre Zähne sozusagen abschmirgeln.

Wie kommt der Nabel in den Bauch?

Nicht nur jeder Mensch hat ihn, den Nabel, sondern auch alle Säugetiere. Jedes Baby im Bauch eines Säugetieres – also auch bei uns, denn wir Menschen zählen zu den Säugetieren – hat an seinem Bauch einen Nabel. Dieser Nabel ist der Ausgang der Nabelschnur, die mit der Mutter verbunden ist. Das ist überlebenswichtig, denn über diese Nabelschnur bekommt das Baby alles, was es zum Wachsen und Gedeihen braucht. Sie ist sozusagen die Verbindungsröhre, durch die das Essen und Trinken von der Mutter zum Baby gelangt.

Nach der Geburt braucht das Baby die Nabelschnur nicht mehr, deshalb wird sie bei uns Menschen durchtrennt und bei den Tieren durchgenagt. Der Rest verheilt am Bauch und wird zum Nabel. Der Nabel ist also die Narbe der Nabelschnur! Wie er dann am Ende aussieht, hat etwas mit der Veranlagung eines jeden, der Pflege nach der Geburt und auch mit der Beschaffenheit der Bauchmuskeln zu tun. Deshalb sieht auch jeder Nabel, wenn man genau hinsieht, anders aus.

Warum ist Kacka braun?

Warum eigentlich? Das liegt daran, dass mit dem Stuhlgang – also wenn man »groß« auf die Toilette geht – Folgendes ausgeschieden wird: unverdautes Essen, zum Beispiel die sogenannten Ballaststoffe, und Reste aus dem Körper wie Zellreste und Enzyme – das sind Botenstoffe, die dafür sorgen, dass der Körper funktioniert.) Das alles wird im Darm vermischt. Der Hauptgrund für die braune Farbe sind allerdings die roten Blutkörperchen, die ungefähr alle 120 Tage von Leber und Milz abgebaut werden. Dadurch landen auch sie im Darm, wo sich ja schon der ganze Rest, den der Körper wieder loswerden will, befindet. Der gesamte Inhalt des Darms vermischt sich also. Weil die roten Blutkörperchen über den Farbstoff Hämoglobin verfügen, der das Blut rot macht, mischt sich diese Farbe mit den anderen Verdauungsabfällen. Und das lässt den Stuhlgang am Ende immer braun werden.

Wie entstehen Pupse?

Was früher einmal ganz normal war, ist heute eine furchtbar peinliche Situation: Man ist unter Menschen und ein Pups bahnt sich den Weg ins Freie. Im Mittelalter gehörte das Pupsen nach dem Essen noch zum guten Ton – wenn man es nicht tat, wurde man sofort gefragt, ob das Essen »nicht gemundet« (nicht geschmeckt) hat. Heute versucht man entweder so zu tun, als wäre es jemand anderer gewesen, oder man versinkt vor lauter Scham im Boden. Dabei ist Pupsen das Normalste von der Welt und sollte der Gesundheit zuliebe eigentlich auch nicht unterdrückt werden. Sonst kann es schnell zu unangenehmen Bauchschmerzen kommen. Aber wie entstehen die duftenden Winde? Dafür gibt es mehrere Gründe:

1. Man verschluckt Luft, während man isst oder trinkt. Wenn man sie dann nicht über einen Rülpser loswerden kann, taucht sie als Pups wieder auf, um sich ihren Weg ins Freie zu suchen.

2. Bei der Verdauung im Darm werden Gase freigesetzt, die als Pupse wieder ausgeschieden werden.

3. Zu viel Kaugummi kauen.

4. Getränke mit Kohlensäure.

5. Unverträgliches Essen.

6. Krankheiten des Verdauungstraktes, also im Magen oder Darm.

Ein normaler Mensch pupst 15 bis 20 Mal am Tag und das ist sogar gesund! Denn wer die Blähungen im Bauch immer zurückhält, riskiert nicht nur Schmerzen, sondern auch echte gesundheitliche Probleme. Außerdem wird dabei die Verdauung gestört.

Warum sterben wir?

Der Tod gehört zum Leben. Denn alles, was einmal geboren wird, muss auch irgendwann sterben. Deshalb spricht man vom »Kreislauf des Lebens«. Man begegnet ihm überall auf der Welt: bei den Tieren, den Menschen und in der Natur generell.

Für uns Menschen gibt es drei Todesursachen: Unfälle, Krankheiten oder ein hohes Alter. Unfälle und Krankheiten können jemanden aus heiterem Himmel aus dem Leben reißen, was vor allem für die Familienmitglieder am schwierigsten ist. Ist das nicht der Fall, dann altert der Körper mit jedem Jahr ein Stückchen mehr. Das heißt, dass auch die Organe, die uns am Leben erhalten, immer älter werden. Dadurch, dass sie all die Jahre und Jahrzehnte jeden Tag und jede Nacht ihre volle Leistung bringen, sind sie nach so langer Zeit einfach erschöpft. Sie werden schwächer und irgendwann hören sie auf zu funktionieren. Dasselbe können wir jeden Tag in der Natur beobachten: Die Tiere und Pflanzen werden geboren und immer älter, bis sie schließlich sterben. Der Tod gehört zum Leben wie die Nacht zum Tag. Und wenn man weiß, dass man nicht ewig auf dieser Erde ist, kann man auch lernen, jeden Tag wie ein Geschenk zu sehen und es zu genießen. Aber man muss deswegen keine Angst vor dem Tod haben. Es ist nur der Körper, der seine »Arbeit« aufgibt. Es gibt viele verschiedene Arten, wie man damit umgehen kann – zum Beispiel mithilfe der Religionen. Oder man weiß, dass man in den Herzen derjenigen, die einen lieben, immer weiterleben wird.

Wieso verkleiden wir uns im Karneval?

Ob Karneval, Fasching oder Fastnacht – während dieser Zeit herrscht schon seit Jahrhunderten das närrische Treiben, und alle, die mitmachen, verkleiden sich mit lustigen Kostümen. Das ist in jeder Region von Deutschland etwas unterschiedlich, aber der Brauch ist derselbe. Abgesehen davon, dass das Verkleiden und die bunten Umzüge Spaß machen, kann man sich aber auch fragen, warum das alle machen.

Vor ein paar Hundert Jahren, im Mittelalter, setzten sich die Menschen gruselige Masken auf und machten mithilfe von

Trommeln, Glöckchen und Rasseln so viel Lärm wie möglich, um den Winter und mit ihm alle bösen Geister zu vertreiben. Denn damals glaubte man noch an Geister und daran, dass bestimmt auch der Winter gehörige Angst vor lauten Geräuschen haben müsste. Obwohl wir inzwischen wissen, dass beides nicht wahr ist, haben wir den uralten Brauch beibehalten. Denn es macht einfach zu viel Spaß, für ein paar Tage in ein Kostüm zu schlüpfen und die lustige Zeit zu genießen.

Warum feiert man Halloween?

Auch an Halloween verkleiden wir uns – und weißt du, warum das so ist? Viele denken, dass der Brauch, sich mit schaurigen Kostümen zu verkleiden und von Haustür zu Haustür zu ziehen, um Süßes zu verlangen, aus Amerika kommt. Das stimmt aber gar nicht, denn ursprünglich stammt diese Tradition – so nennt man einen Brauch oder eine Gewohnheit – aus Europa! Vor mehr als 2000 Jahren glaubten die Menschen noch nicht an Gott, so wie sie das zum Teil heute tun. Damals dachten sie, dass die Nacht vom 31. Oktober etwas Unheimliches bedeutet. Sie gingen davon aus, dass in dieser Nacht die Toten auf die Erde zurückkehrten und die Lebenden heimsuchten. Davor hatten sie natürlich Angst, und deshalb entwickelten sie einen Brauch, der die Geister verscheuchen sollte. Sie verkleideten sich mit möglichst schaurigen Kostümen und liefen mit viel Lärm und Getöse durch die Straßen. Erst viel später, als viele Iren nach Amerika zogen, um dort ein neues Leben anzufangen, nahmen sie auch den Halloween-Brauch mit dorthin. Im vergangenen Jahrhundert gelangte er dann wieder zurück zu uns nach Europa. Das ist der Grund, warum wir inzwischen auch wieder hierzulande immer öfter Halloween feiern.

In anderen Ländern geht man mit dem 31. Oktober wieder ganz anders um. In Mexiko zum Beispiel ist der »Día de los

Muertos«, der »Tag der Toten«, überhaupt kein Grund, irgendjemanden zu verscheuchen, sondern ganz im Gegenteil. Dort beginnen die Vorbereitungen für einen der bedeutendsten Feiertage im Jahr sogar schon Mitte Oktober! Alles wird bunt geschmückt, und auf den Friedhöfen werden leckeres Essen und Süßigkeiten aufgebaut, um die Toten gebührend zu empfangen. Das liegt daran, dass schon die Vorfahren der Mexikaner, die Azteken, nicht geglaubt haben, dass mit dem Tod alles zu Ende ist. Sie sehen ihn als Eintritt in ein neues, anderes Leben – man sagt dazu auch: in eine neue Daseinsform. Es ist also für alle ein Grund zum Feiern, und das tun sie dann auch in der Nacht vom 31. Oktober.

Was ist ein Adamsapfel?

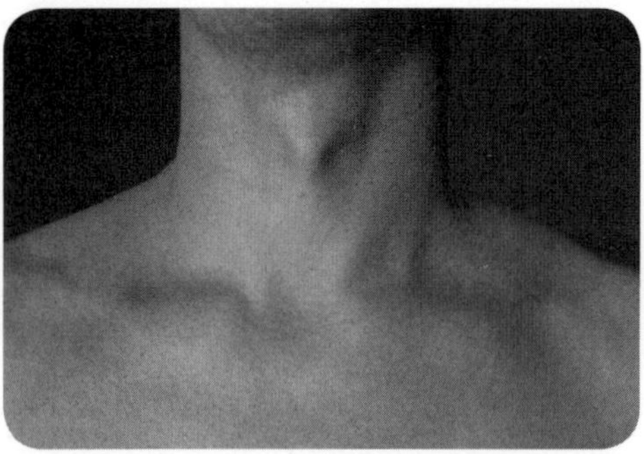

Jeder, der den Begriff das erste Mal hört, denkt sich: Was ist denn das? Kurz gefasst: Der Adamsapfel ist einfach nur ein Knorpel im Hals. Jeder von uns hat einen, nur dass man ihn bei Frauen nicht sehen kann und bei Männern schon. Das kommt von den männlichen Hormonen, die ab der Pubertät im Körper ausgeschüttet werden und Jungs zu Männern werden lassen. Frauen haben andere Hormone, deshalb tritt der Adamsapfel bei ihnen nicht so sehr hervor. Aber wofür ist dieser Adamsapfel denn überhaupt da?

Er liegt ungefähr in der Mitte vom Hals und sorgt dafür, dass wir uns beim Essen nicht verschlucken und die Stimmbänder geschützt werden. Er ist also eine Art Schutzschild und muss dafür etwas härter als der Rest der Haut sein. Deshalb besteht er aus Knorpel. Diese Knorpel wachsen während der Pubertät bei Jungs mehr als bei den Mädchen.

Seinen Namen hat der Adamsapfel, soviel man weiß, aus einer Geschichte, die auf die Bibel zurückgeht. Ihr zufolge soll Adam bei dem Anblick der schönen Eva ein Stück des Paradiesapfels, den Eva ihm gegeben hatte, im Hals stecken geblieben sein.

Warum haben manche Menschen helle und andere dunkle Haut?

Überall auf der Welt gibt es Menschen mit verschiedenen Hautfarben – und das muss natürlich auch einen Grund haben. Eines haben allerdings alle gemeinsam: den Stoff, der die Haut färbt, das sogenannte Melanin. Die einen haben mehr davon und sind dadurch dunkler als diejenigen, die nicht so viel davon produzieren. Aber wofür brauchen wir das Melanin und warum haben manche Menschen mehr davon?

Das Melanin schützt unsere Haut vor der Sonneneinstrahlung. Deshalb vertragen Menschen mit heller Haut weniger Sonne als andere mit dunkler Haut. In Ländern, in denen es wärmer ist, weil die Sonne mehr scheint, haben die Leute eine dunklere Haut als dort, wo es öfter kalt ist. Je mehr die Sonne scheint, umso mehr Schutz braucht unsere Haut. Melanin ist also ein natürlicher Sonnenschutz. Trotzdem müssen auch Menschen mit dunkler Haut aufpassen, dass sie nicht zu lange in der Sonne sind. Sie bekommen dann zwar keinen Sonnenbrand wie hellhäutige Menschen, trotzdem ist die Hitze auf Dauer für jeden Menschen anstrengend und ungesund.

Warum sehen die Augen von Asiaten anders aus?

Die Augen der meisten Asiaten unterscheiden sich in ihrer Form von »unseren« Augen, weil sie anders aufgebaut sind. Sie haben eine Falte, die genau auf dem Augenlid liegt und so das Auge kleiner aussehen lässt. Es wirkt aber nur so; die Sicht wird dadurch nicht eingeschränkt. Forscher haben herausgefunden, dass diese Falte auch einen ganz bestimmten Zweck hat. Denn in den asiatischen Lebensräumen waren die Menschen früher oft starker Sonneneinstrahlung, kräftigem Wind oder Schnee ausgesetzt. Die Falte im Lid hat dafür gesorgt, dass die Augen dabei geschützt wurden.

Dieser Schutzeffekt hat aber nicht nur den Menschen im asiatischen Raum geholfen, ihre Augen zu schützen. Auch in anderen Gebieten der Erde, in denen man ähnliche Bedingungen der Umwelt findet, haben die Menschen mit der Zeit mandelförmige Augen entwickelt. Dazu gehören zum Beispiel Regionen in Nordeuropa, Südafrika und Teile Amerikas.

Wieso stottern manche Kinder?

Normalerweise ist Sprechen die einfachste Sache der Welt – denkt man … bis man vielleicht einmal jemanden trifft, für den das gar nicht so einfach ist. Wenn Menschen stottern, kommen die Wörter oft ganz langsam oder in einzelnen Buchstaben aus ihrem Mund. Sind diese Menschen dann krank? Nein! Sie haben einfach nur Probleme damit, die Wörter richtig und flüssig auszusprechen. Die Wissenschaftler wissen bis heute nicht ganz genau, was die Ursache für das Stottern ist. Wahrscheinlich sind mehrere verschiedene Dinge dafür verantwortlich. Sie haben allerdings herausgefunden, dass man das Stottern »behandeln« kann, indem man das Sprechen übt. Dafür gibt es sogar speziell ausgebildete Menschen, die helfen können. Man nennt sie Logopäden. Mit viel Übung und Geduld kann das Stottern mit ihrer Hilfe sogar wieder ganz verschwinden.

Das Wichtigste ist, dass Menschen, die stottern, nicht ausgelacht werden dürfen! Denn wenn sie ausgelacht werden, sind sie noch aufgeregter und haben Angst, einen Fehler zu machen. Und genau das ist oft der Grund dafür, warum das Stottern immer schlimmer wird.

Warum bekommt man manchmal Seitenstechen?

Es passiert immer dann, wenn man es gerade überhaupt nicht gebrauchen kann – zum Beispiel während eines Wettrennens oder mitten in einem wichtigen Fußballspiel: ein stechender Schmerz im Brustkorb. Die Schmerzen können beim Seitenstechen so schlimm werden, dass man sich einfach hinsetzen und eine Pause machen muss. Was passiert da im Körper? Und wie wird man den lästigen Schmerz wieder los?

Direkt unterhalb der Lunge liegt das Zwerchfell. Es ist dafür da, dass es Luft in die Lunge saugt, sobald es sich anspannt. Man kann es sich wie eine Art Pumpe für die Lunge vorstellen. Wenn du viel rennst und dich anstrengst, muss sich das Zwerchfell oft und schnell anspannen, damit genügend Luft in die Lunge kommen kann. Denn die Lunge versorgt mit dem Sauerstoff, der in der Luft ist, deine Muskeln – und die brauchen bei Anstrengung natürlich mehr davon. Wenn man immer weiterläuft, muss das Zwerchfell also Schwerstarbeit leisten, um alles in die Beine zu pumpen. Gleichzeitig bekommen andere Bereiche im Körper trotzdem zu wenig Sauerstoff. Irgendwann wird es dem Zwerchfell dann zu viel, und das zeigt es uns dann mit dem unangenehmen Schmerz.

Es gibt aber ein paar Tipps, mit denen das Seitenstechen erst gar nicht aufkommt:

1. Training der Bauchmuskeln: Wenn die Bauchmuskeln trainiert werden, wird auch gleichzeitig das Zwerchfell stärker und hält länger durch.

2. Nicht zu viel essen und trinken, bevor man losläuft: Man sollte generell nicht mit vollem Bauch Sport machen oder schwimmen, weil es den Körper zu sehr belastet.

3. Langsam laufen und ruhig atmen: Wenn du langsamer läufst und auf einen ruhigen Atem achtest, wird das Zwerchfell nicht so schnell überlastet und hält länger durch.

4. Notfalls ausatmen: Wenn es dich dann doch erwischt, ist das Beste, was du tun kannst, langsam gehen und dabei lange ausatmen. Dadurch entspannt sich das Zwerchfell wieder und der Schmerz lässt nach.

Sind Süßigkeiten wirklich ungesund?

Es wäre ja auch zu schön, wenn man einfach den ganzen Tag und so viel man will naschen könnte. Aber in Süßigkeiten ist Zucker – und das ist so eine Sache. Auf der einen Seite braucht ihn unser Körper. Auf der anderen Seite macht er uns krank, wenn wir zu viel davon zu uns nehmen. Die Zauberformel lautet also: Alles in Maßen! Die schlechte Nachricht dabei ist, dass der Körper Süßigkeiten gar nicht braucht. Denn den Zucker, den er benötigt, um zu funktionieren, bekommt er schon allein durch Früchte. In ihnen steckt sogar eine ganze Menge an Zucker – dem sogenannten Fruchtzucker. Und selbst in Nahrungsmitteln wie Brot und Pizza ist eigentlich genug Zucker für den ganzen Körper enthalten. Deshalb nehmen die meisten Menschen in Deutschland generell zu viel Zucker zu sich. Wenn man dann auch noch zu den Naschkatzen gehört, kann es für den Körper schwierig werden. Es sind nicht nur die Zähne, die unter dem Zucker leiden, sondern der ganze Körper. Da geht es zum Beispiel um das Gewicht, denn Zucker macht dick. Wenn der Körper dann irgendwann zu dick geworden ist, ist das schlecht für Gelenke und Organe. Das heißt, dass man zum Beispiel nicht mehr so gut laufen kann. Oder das Herz hat so schwer zu arbeiten, dass man schon im Gehen aus der Puste kommt. Außerdem kann man an der Zuckerkrankheit erkranken – spätestens dann ist Schluss mit Zucker!

Was viele Kinder nicht wissen: Auch in den Getränken ist oft sehr viel Zucker versteckt. Ganz vorn dabei sind da unter anderem Eistee, Limonade oder Cola. Selbst in den vermeintlich gesunden Getränken stecken oft Unmengen an Zucker: Ein Trinkjoghurt (400 Milliliter) bringt es da zum Beispiel auf stolze 16 Stück Würfelzucker!

Wenn man seinem Körper also etwas Gutes tun will, sollte man wirklich drauf achten, dass man nicht auch noch zusätzlich zu viele Süßigkeiten isst oder trinkt.

Warum bezahlen wir mit Geld?

Eine sehr berechtigte Frage! Warum bezahlen wir mit bedrucktem Papier und nicht mit Dingen, die wir wertvoll finden? Man könnte dann zum Beispiel ein Fahrrad gegen ein Skateboard tauschen und müsste dadurch nichts bezahlen. Ganz früher war das so – man hat untereinander getauscht. Hauptsächlich bei Lebensmitteln war der sogenannte Tauschhandel sehr beliebt: Zehn Eier gegen einen Laib Brot und so weiter. Das war relativ einfach, weil man das, was man bekommen hat, ja auch gleich wieder verbraucht (in dem Fall gegessen) hat. Schwierig wurde es dann aber bei anderen Tauschgeschäften. Denn wie sollte man wissen, ob die eingetauschten Dinge auch später noch wertvoll sein würden. Ein Beispiel: Du tauschst eines deiner Lieblingsspielzeuge gegen ein tolles Paar Turnschuhe. Das ist für den Moment perfekt. Was passiert aber, wenn du dann ein Jahr später die Schuhe wieder gegen etwas anderes tauschen möchtest? Bis dahin sind sie vielleicht schon abgenutzt oder sie liegen nicht mehr im Trend. Was bekommst du dann noch dafür? Bestimmt kein neues Lieblingsspielzeug mehr. Genau das war ein Problem beim Tauschen: Manche Dinge haben mit der Zeit an Wert verloren, während andere vielleicht sogar noch wertvoller geworden sind. Aber woher sollte man das vorher wissen? Und hier kommt das Geld ins Spiel! Geld hat einen Wert, der bestehen bleibt, denn es wird ja nicht abgenutzt oder alt. Natürlich gibt es auch hier manchmal Schwankungen, aber generell weiß jeder Mensch, dass Geld etwas wert ist, und solange jeder damit handelt, kann man darauf vertrauen, dass es auch so bleibt.

Außerdem wird das Geld davor geschützt, seinen Wert zu verlieren. Darauf passt die sogenannte Zentralbank auf, denn sie ist dafür zuständig, wie viel Geld gedruckt werden darf. Wenn nämlich zu viel Geld gedruckt wird, ist es am Ende nur noch ein Haufen wertloses Papier. Gleichzeitig wird natürlich auch darauf geachtet, dass Geld nicht einfach nachgemacht, also gefälscht wird (siehe auch Seite 196). Darum weiß man ungefähr, welchen Wert das Geld hat und was man dafür bekommen kann.

Warum zuckt man manchmal plötzlich zusammen, wenn man einschläft?

Jeder der es kennt, findet es unangenehm: Man liegt im Bett und ist hundemüde. Doch genau in dem Moment, in dem man gerade friedlich einschläft, reißt einen ein heftiges Zucken wieder aus dem Schlummerland. Heißt dies, dass man am nächsten Tag am besten gleich zum Arzt gehen sollte? Die gute Nachricht lautet: Nein! Das Zucken beim Einschlafen ist völlig harmlos. Die schlechte ist: Man kann es leider nicht stoppen.

Aber was soll das denn dann – und woher kommt es? Eigentlich ist es gar nicht so komisch, denn unser Körper bewegt sich den ganzen Tag lang. Das passiert unter anderem deswegen, weil unser Gehirn es ihm sagt. Wenn wir dann schlafen gehen, sind wir müde und dadurch werden auch unsere Muskeln schlaff. In dem Moment ist das Gehirn verwirrt, denn den ganzen Tag über geht es um Bewegung – und auf einmal wird alles ruhig. In dem Fall meint das Gehirn, dass dieser entspannte Zustand kurz vor dem Einschlafen sehr gefährlich ist. Denn: Wer kann schon vor einem Säbelzahntiger fliehen, wenn alle Muskeln schlaff sind? Das mit den Säbelzahntigern stimmt inzwischen natürlich nicht mehr. Aber unser Gehirn hat auch heute noch den Fluchttrieb gespeichert, der unseren Vorfahren schon manchmal das Leben gerettet hat. Wenn unser Hirn also meint, dass es vor der Gefahr fliehen muss, wirft es den Notfallschalter an, der dafür sorgt, dass sich unsere Muskeln ruckartig zusammenziehen. Das Gute daran ist – es wird weniger. Wenn man älter wird, lernt auch das Gehirn, wann es Zeit ist, zu entspannen statt zu fliehen.

Was hat der Muskelkater mit einem Kater zu tun?

Vielleicht, weil Muskeln nach zu großer Anstrengung manchmal so wehtun, als würden sie von den Krallen eines ausgewachsenen Katers bearbeitet werden? Oder weil Kater, wenn sie sich streiten, so eine komische steife Körperhaltung einnehmen? Nichts davon stimmt! Lange dachte man, die schmerzenden Muskeln seien durch die große Belastung entzündet. Früher nannte man Entzündungen auch »Katarrh«. Es war also ein Katarrh der Muskeln! Mit der Zeit wurde also aus dem Muskelkatarrh der Muskelkater – und das ist er bis heute geblieben.

Stimmt es, dass man morgens größer ist als abends?

Es heißt, dass man nach dem Aufstehen immer ein kleines Stückchen größer ist als abends, bevor man ins Bett geht. Ist das wahr? Ja, es stimmt wirklich, dass man morgens ein bis zwei Zentimeter größer ist. Aber wo sind die dann bis zum Abend abgeblieben? Dahinter stecken unsere Bandscheiben. Sie sind die kleinen Puffer zwischen den Wirbeln in unserem Rückgrat und extrem wichtig für uns. Denn hätten wir keine Bandscheiben, wären wir stocksteif und jede Bewegung würde uns wehtun. Sie funktionieren wie kleine Schwämmchen, die den Raum zwischen den Wirbeln füllen. Weil wir uns den ganzen Tag bewegen, haben Bandscheiben tagsüber auch einiges zu tun – sie dämpfen die Stöße ab, wenn wir gehen, stehen, uns drehen oder überhaupt bewegen. Bei dieser Arbeit verlieren sie Flüssigkeit, die sie gespeichert haben, um möglichst weich zu sein. Wenn der Tag dann vorbei ist, haben die Bandscheiben so viel gepuffert, dass sie fast ganz »leer« sind. Dadurch werden sie dünner und wir schrumpfen! Über Nacht füllen sie sich dann wieder auf. Und deshalb sind wir am Morgen ein bis zwei Zentimeter gewachsen!

Warum soll man immer raus an die Luft und sich bewegen?

Weil es gesund ist – das ist klar. Aber was ist daran so gesund, und warum ist es nicht gesund, zu Hause zu bleiben und sich nicht zu bewegen? Auch für diese Erklärung müssen wir sehr weit zurück in die Vergangenheit reisen. Denn als wir Menschen noch in Höhlen lebten, hat niemand daran gedacht, es sich dort ein paar Tage lang bequem zu machen. Wenn man das getan hätte, wäre man ziemlich schnell aufgefressen worden oder nach längerer Zeit verhungert. Zu Hause bleiben, sich gemütlich hinsetzen und das Essen aus dem Kühlschrank holen – all das gab es damals nicht. Wir mussten jagen, sammeln, uns verteidigen und die Höhlen in Schuss halten. Deshalb ist unser Körper darauf ausgelegt, dass er sich den ganzen Tag bewegt, und zwar draußen! Den Luxus, den wir heute haben, gibt es, wenn man die Jahrmillionen der Entwicklung von uns Menschen betrachtet, ja erst seit ganz kurzer Zeit. So schnell kann sich kein Körper auf neue Lebensbedingungen umstellen. Wenn man also nicht nach draußen geht und sich bewegt, bekommt der Körper Probleme:

- Die Muskeln werden schlaff.

- Wir werden immer dicker.

- Das Herz und andere Organe leiden darunter.

- Der Körper bekommt zu wenig frischen Sauerstoff (frische Luft), und darunter leiden die Organe, besonders das Gehirn.

Beachtet man die Warnzeichen dann nicht und macht einfach so weiter, kann das recht schnell in schweren Krankheiten enden. Vor allem das Herz leidet unter dem Bewegungsmangel und dem zusätzlichen Gewicht. Das kann man auch ganz deutlich merken – man wird immer schlapper und lustloser, bis man irgendwann gar keine Lust mehr hat, sich zu bewegen. Außerdem wird auch der Kopf träge. Durch den Sauerstoffmangel fällt einem nichts Neues mehr ein, und man ist ständig müde.

Das alles hört sich nicht sehr gut an, oder? Da macht es doch gleich noch viel mehr Spaß, mit guten Freunden rauszugehen und zu spielen. Übrigens passiert dann genau das Gegenteil: Du wirst fitter, schneller und gesünder.

Wo werden unsere Träume gemacht?

Zuerst sollte man wissen, dass man während des Schlafs eigentlich fast immer träumt. Wenn man aufwacht und denkt, man hat gar nichts geträumt, liegt das nur daran, dass man sich nicht mehr erinnern kann. Meistens erinnern wir uns nur an die Träume, die wir kurz vorm Aufwachen hatten. Aber warum träumen wir überhaupt und wo entstehen unsere Träume? Die Antwort hat in beiden Fällen mit unserem Gehirn zu tun. Wir träumen, weil unser Gehirn damit Dinge, die uns beschäftigen, verarbeiten kann. Tagsüber, wenn wir viel zu tun haben, hat es dazu einfach nicht genug Zeit. Also macht es das nachts. Deshalb geht es in unseren Träumen auch oft um Dinge, die wir gerne hätten, zum Beispiel ein Pony oder einen tollen neuen Fußball. Es kann aber auch ganz schön gruselig werden, wenn uns Monster oder Geister verfolgen. Auch dann verarbeitet unser Gehirn etwas – meistens Sachen, die uns tagsüber Angst gemacht haben oder die wir uns nicht erklären konnten.

Woher die Träume kommen, ist den Wissenschaftlern noch nicht ganz klar. Die einen sagen, dass es an den verschiedenen Schlafphasen liegt, die wir alle während einer Nacht haben. Denn wir liegen nicht einfach nur da und schlafen. Manchmal bewegen sich zum Beispiel unsere Augen ganz schnell hin und her: Das nennt man die REM-Phase (»Rapid Eye Movement«, die schnelle Bewegungsphase der Augen). In dieser Zeit schlafen wir nicht sehr tief und träumen viel. Dann gibt es die sogenannte Tiefschlafphase, in der wir, wie es der Name schon verrät, tief und fest schlafen und deshalb auch meistens nichts träumen. Während einer Nacht wechseln sich mehrere verschiedene Schlafzustände ab. Was aber der Grund für die Entstehung der Träume ist, weiß noch niemand ganz genau. Fest steht, dass sie alle in unserem Gehirn entstehen und dafür da sind, dass es sich ausruhen und Verschiedenes verarbeiten kann. Denn man hat auch herausgefunden, dass es schlimme Folgen haben kann, wenn man zu wenig schläft, weil man sich dann nicht genügend erholt. Wenn man über eine längere Zeit nie genug Schlaf bekommt und damit auch nicht mehr träumt, wird man krank.

Warum muss man lachen, wenn man gekitzelt wird?

Unsere Haut ist ein sehr empfindliches Sinnesorgan, denn sie besteht aus vielen Sinneszellen und kann deshalb sehr gut schon die kleinsten Berührungen wahrnehmen. Aber sie vermag natürlich noch viel mehr: Sie spürt Wärme, Kälte, Schmerz und Bewegungen. Alles, was sie wahrnimmt, leitet sie an das Gehirn weiter. Das, was sie dabei weiterleitet, nennt man Reize. Die Reize kommen im Gehirn an und werden sofort von unserem Supercomputer im Kopf bewertet. Das Gehirn entscheidet also, ob der Reiz angenehm oder zum Beispiel schmerzhaft ist. Es kommt dabei aber auch immer darauf an, wie empfindlich man ist. Es gibt Menschen, die nicht so schmerzempfindlich sind wie andere. Beim Kitzeln ist das so: Wird man gekitzelt, werden die Reize ins Gehirn geleitet. Hier tragen sie dann dazu bei, dass verschiedene Stoffe freigesetzt werden. Beim Kitzeln sind das Stoffe, die glücklich machen und einen zum Lachen bringen. Je nachdem, wie stark man gekitzelt wird, werden mehr oder weniger von den Stoffen frei. Aber selbst beim Kitzeln gibt es eine Grenze, ab der es auch irgendwann nicht mehr so lustig ist. Wenn man zum Beispiel sehr lange und sehr fest an nur einer Stelle gekitzelt wird, kann es sogar zu richtigen Schmerzen kommen. Wenn man dann dabei auch noch festgehalten wird, ist das Ganze sehr bald gar kein Spaß mehr. Deshalb war Kitzeln im Mittelalter sogar eine Foltermethode. Die Menschen wurden festgekettet und beinahe zu Tode gekitzelt.

Es gibt Stellen am Körper, die besonders empfindlich sind, weil sich dort viele Nerven befinden, durch welche die Reize ans Gehirn weitergeleitet werden, zum Beispiel Achseln, Füße und Bauch.

Warum können wir uns aber eigentlich nicht selbst kitzeln? Das liegt daran, dass unser superschlaues Gehirn ja schon vorher weiß, was wir vorhaben, und deshalb nicht mehr auf den Reiz anspringt.

Warum weint man, wenn man traurig ist?

Jeder Mensch hat den ganzen Tag Tränen in den Augen. Wie? Dann müssten ja alle ständig weinen? Ganz so ist es nicht – die Tränen, die wir immer in den Augen haben, bildet die sogenannte Tränenflüssigkeit. Sie ist immer auf dem ganzen Auge verteilt, damit es nicht austrocknet. Damit der Film aus der dünnen Flüssigkeit auch dort bleibt, blinzeln wir. Bei jedem Blinzeln wird die Tränenflüssigkeit wie mit einem Scheibenwischer über das ganze Auge verteilt. Würde das nicht passieren, würden wir sehr schnell Probleme mit dem Sehen bekommen. Denn ein trockenes Auge funktioniert nicht.

Wenn wir weinen, werden in den Tränendrüsen mehr Tränen als sonst gebildet. Das sind diese kleine Knubbel an den Augen neben der Nase, dort wo sich Ober- und Unterlid treffen. Durch eine winzige Öffnung, die du sehen kannst, wenn du im Spiegel ganz genau hinsiehst, fließen die Tränen dann ins Auge. Weil es aber sehr viel Tränenflüssigkeit ist, die gemacht wird, wenn man weint, kann nicht alles im Auge bleiben. Der Rest kullert über das untere Lid: Wir weinen.

Weinen ist etwas, das wir Menschen können, seit es uns gibt, ohne darüber nachzudenken. So etwas nennt man deswegen »angeboren«. Es gibt auch einen ganz einfachen Grund dafür, warum das so ist: Wenn jemand weint, zeigt er damit, dass er traurig ist oder ein Problem hat, wie zum Beispiel Schmerzen. Die anderen werden dadurch automatisch aufmerksam und sehen nach, was los ist. Das ist sehr wichtig, denn so kann jeder, ohne etwas sagen zu müssen, auf sich aufmerksam machen und bekommt – wenn alles klappt – auch Hilfe. Angeboren ist das Weinen deswegen, weil gerade Babys, die so sehr auf die Hilfe der Großen angewiesen sind, ja nicht sprechen können. Ihre einzige Möglichkeit zu zeigen, dass sie etwas brauchen, ist das Weinen. Aber abgesehen davon, dass man manchmal Hilfe braucht und deshalb weint, kann man auch wegen bestimmter Gefühle weinen, zum Beispiel weil man traurig ist. Wenn man Glück hat, kommt dann jemand, der einen tröstet. Aber selbst wenn das nicht passiert, kann das Weinen manchmal einfach guttun. Das hast du bestimmt auch schon mal erlebt: Du hast geweint, weil du traurig warst oder einfach stinksauer. Nachdem dann die letzte Träne gekullert ist, warst du zwar müde und erschöpft, aber komischerweise ging es dir besser als vorher. Auf einmal ist alles nicht mehr so schlimm. Die Wissenschaftler glauben, dass es dem Körper guttut, wenn man den Tränen freien Lauf lässt. Das ist dann wie eine Art »reinigendes« Gewitter, das durch den Körper zieht. Es ist zwar anstrengend und traurig – danach geht es einem aber schon wieder besser. Würde man nie weinen, könnte man sogar krank davon werden, weil sich all die Traurigkeit und der Frust im Körper sammeln und keinen Weg nach draußen finden würden. Die Tränen leiten sozusagen all das aus dem Körper, was einen belastet. Außerdem hat man festgestellt, dass sich in den Tränen ein Stoff befindet, der beruhigend wirkt. Wenn man weint, beruhigt man sich also selbst und hilft dem Körper.

Wie lange können wir wach bleiben?

Gerade als Kind geht man meistens sehr ungern ins Bett – man könnte schließlich etwas verpassen. Außerdem fühlt man sich einfach überhaupt nicht müde! Warum muss man eigentlich immer unbedingt ins Bett? Stimmt es, was die Erwachsenen sagen, zum Beispiel: »Schlafen ist wichtig, um zu wachsen« oder: »Schlaf ist die beste Medizin«? Irgendetwas muss wohl dran sein, sonst wären alle nicht so hartnäckig, was das Thema betrifft. Und es stimmt – es geht nicht darum, dass die Erwachsenen ihre Ruhe haben wollen und deshalb alle Kinder früh zu Bett bringen. Denn im Schlaf entwickelt man sich wirklich! Der Körper erholt sich und kann dadurch besser wachsen. Auch wenn du krank bist, spielt Schlafen eine sehr wichtige Rolle – ohne ausreichend Schlaf würdest du so schnell nicht gesund werden können. Wie lange schafft es ein Mensch denn ohne Schlaf – und was passiert mit ihm, wenn er es ausprobiert? Auch das haben Wissenschaftler schon getestet, mit Freiwilligen. Natürlich hat man dabei darauf geachtet, dass die Freiwilligen nicht zu Schaden kommen, und deshalb den Versuch auch immer abgebrochen, wenn es zu anstrengend wurde. Aber man weiß von Versuchen mit Ratten, dass sie nach ungefähr vier Wochen ohne Schlaf am Ende gestorben sind. Dabei wurden die Tiere immer wieder daran gehindert einzuschlafen. Aber sonst stirbt man nicht daran, wenn man zu wenig schläft. Denn irgendwann schaltet der Körper um auf: Es wird jetzt geschlafen, ganz egal was passiert. In dem Moment fallen einem dann einfach die Augen zu, ob man will oder nicht. Der Köper holt sich das, was er braucht. Wenn man aber versuchen würde, so lange wie möglich wach zu bleiben, würde Folgendes passieren:

Tag 1 ohne Schlaf: Man wäre ziemlich müde.

Tag 2 ohne Schlaf: Man wäre noch müder und würde langsam Probleme mit dem Erinnerungsvermögen bekommen.

Tag 3 ohne Schlaf: Jetzt würde man auf einmal nuscheln und nur sehr schwer unter Kontrolle haben, was man gerade sagt.

Tag 4 ohne Schlaf: Plötzlich wäre einem alles egal und man würde sich sehr traurig fühlen.

Tag 5 ohne Schlaf: Am fünften Tag wäre man richtig sauer – auf alles und jeden.

Tag 6 ohne Schlaf: Man könnte nicht mehr richtig sprechen und würde Dinge sehen, die es in Wirklichkeit gar nicht gibt – das nennt man auch »Halluzination«.

Es lohnt sich also nicht wirklich, das Ganze einmal auszuprobieren, weil es schlicht keinen Spaß machen würde. Der Körper würde sich gegen den Mangel an Schlaf wehren und man würde sich völlig fertig und erschöpft fühlen. Außerdem weiß niemand, ob bei so einem Versuch nicht auch das Gehirn einen Schaden bekommen könnte – und das will schließlich keiner. Trotzdem gibt es Menschen, die immer wieder versuchen, den Rekord im Wachbleiben zu brechen. Im Moment liegt er bei ganzen 11 Tagen und 2 Stunden. Diesen Rekord stellte der Brite Tony Wright im Jahr 2007 auf.

Warum schnarcht Papa?

Eines gleich vorweg: Es schnarchen nicht nur die Papas, sondern auch die Mamas, Kinder und so manch ein Haustier. Aber ganz egal wer schnarcht, die anderen stört es meistens. Oft sind die Geräusche sogar so laut, dass man schnell das Weite sucht, um vielleicht doch noch ein bisschen in Ruhe schlafen zu können. Für diejenigen, die schnarchen, ist das alles aber auch nicht so lustig, denn sie müssen sich ständig die Vorwürfe der anderen anhören, obwohl sie ja gar nichts dafür können, dass sie diese Geräusche machen. Außerdem kann man das Schnarchen nicht einfach abstellen – es passiert von selbst:

Im Schlaf entspannen sich die Muskeln im Körper, und das ist auch gut so, denn der Schlaf soll ja der Erholung dienen. Mit angespannten Muskeln kann sich niemand erholen. Das Problem ist, dass sich dabei auch die Muskeln im Mund und im Rachen entspannen. Ganz hinten an unserem Gaumen befindet sich das sogenannte Gaumensegel. Das ist eine kleine Falte ganz aus Haut. Sie grenzt die Speiseröhre und die Luftröhre, die hinter dem Gaumen anfangen, voneinander ab. Wenn es das Gaumensegel nicht gäbe, würden wir uns ständig verschlucken, weil dann das ganze Essen und Trinken in der Luftröhre landen würde. Die Luftröhre verläuft direkt bis zur Lunge, um sie mit Luft zu versorgen. Hätten wir kein Gaumensegel, könnten wir im schlimmsten Fall an den verschluckten Krümeln und der Flüssigkeit vom Trinken ersticken.

Während wir schlafen, entspannt sich also unser Gaumensegel. Das ist erst einmal noch kein Grund zum Schnarchen – zumindest bei den Menschen, die im Schlaf durch die Nase atmen. Bei denjenigen, die durch den Mund atmen, strömt die ein- und ausgeatmete Luft direkt am Gaumensegel vorbei. Es fängt an zu flattern – und genau das ist es, was den lauten Ton erzeugt: die Schwingung des Segels. Du kannst es dir vorstellen wie eine Fahne im Wind oder auch deinen Drachen, wenn du ihn steigen lässt. Sobald ein Luftzug auf ein loses Segel trifft, beginnt es zu flattern und erzeugt dadurch ein Geräusch. Auch Menschen, die normalerweise nie schnarchen, können es auf einmal doch tun, wenn sie zum Beispiel erkältet sind und deshalb nur durch den Mund atmen. Man kann so ein Gaumensegel auch in einer Operation etwas kleiner machen. Nur leider sind Operationen nie ganz ungefährlich, weshalb sich dann doch sehr viele dagegen entscheiden. Auf alle Fälle ist Schnarchen keine Krankheit und ein Schnarcher kann auch nichts dafür. Manchmal helfen schon kleine Veränderungen wie nicht auf dem Rücken zu schlafen, um die Schnarcherei zu stoppen.

Weshalb sind Erwachsene oft so unbeweglich?

Hast du schon einmal einen Erwachsenen dabei beobachtet, wie er sich den großen Zeh in den Mund steckt? Nein? Logisch – Erwachsene machen so etwas einfach nicht mehr. Klar, das liegt daran, dass sie gar nicht auf solche Ideen kommen. Es hat aber auch etwas mit Können zu tun. Denn die meisten Erwachsenen schaffen es einfach nicht mehr, sich so zu verbiegen. Aber warum ist das so? Wird man einfach immer steifer, je älter man wird? Im Grunde genommen ja – denn der ganze Körper ist, wenn er nicht mehr wächst und dann noch ein paar Jährchen im wahrsten Sinne des Wortes »auf dem Buckel hat«, nicht mehr so biegsam wie zuvor als Kind. Weil wir ja inzwischen wissen, dass in der Natur nichts umsonst passiert, gibt es auch hier wieder eine ganz logische Erklärung: Es geht ums Wachsen! Damit wir groß werden können, muss unser Körper dehnbar und beweglich sein. Denn harte und starre Knochen würden mit dem Größerwerden einfach nicht mitkommen – sie würden brechen. Es ist also sehr gut von der Natur eingefädelt, dass wir, solange wir klein sind, auch sehr beweglich bleiben. Wenn wir dann erwachsen sind, lässt diese Beweglichkeit immer mehr nach, weil wir sie nicht mehr so sehr brauchen. Es ist sogar so, dass manche Knochen, die bei Kindern noch ganz locker und lose sind, bei Erwachsenen ganz zusammenwachsen und verknöchern. Deshalb haben Kinder auch über 300

Knochen im Körper, während es bei Erwachsenen nur noch etwas mehr als 200 sind.

Wie funktioniert das mit der Beweglichkeit? Erwachsene haben also weniger Knochen, das ist ein Grund, warum sie nicht so beweglich sind. Es hat aber auch etwas mit der Dehnbarkeit und der Gelenkigkeit zu tun, warum der große Zeh eben irgendwann nicht mehr so einfach in den Mund kommt. Davon hängt nämlich ab, wie beweglich die Knochen untereinander sind. Auch die Gelenkigkeit ist also bei Kindern noch viel größer als bei Erwachsenen. Außerdem sind die Knochen selbst um einiges weicher: Bei Kindern bestehen sie noch mehr aus Knorpeln – die weicher sind als Knochen – und weniger aus Knochenmaterialen. Die Dehnbarkeit hat mit den Muskeln und Bändern zu tun, die an den Knochen angewachsen sind. Bei Kindern ist in ihnen noch viel mehr Wasser gespeichert, und deshalb sind sie weicher und damit dehnbarer.

Man braucht die Beweglichkeit also, um zu wachsen. Aber auch als Erwachsener sollte man zum Beispiel mit Gymnastikübungen dafür sorgen, dass man nicht zu schnell zu unbeweglich wird – denn wer rastet, der rostet! Und das kann später einmal zu Schmerzen im Rücken und in anderen Gelenken führen.

Warum fallen Kinder manchmal aus dem Bett und Erwachsene nicht?

Die gute Nachricht: Jeder Mensch lernt früher oder später, nicht mehr aus dem Bett zu fallen. Denn genau das ist das ganze Geheimnis dabei: Man lernt es. Und wenn der Körper es dann einmal gelernt hat, bleibt es auch so.

Wieso fällt man als Kind aber doch manchmal aus dem Bett? Es liegt am Schlaf. Erwachsene haben einen viel leichteren Schlaf als Kinder. Sie wachen in einer Nacht gleich mehrmals auf, ohne dass sie das merken. In diesen kurzen Momenten nehmen sie wahr, wo sie sich im Bett beinfinden, und können es deshalb auch ausgleichen, wenn sie zum Beispiel zu nahe am Rand liegen. Kinder haben einen anderen, viel tieferen Schlaf. Sie merken es nicht, wenn sie sich in ihren Träumen bewegen und immer näher an den Rand rutschen. Da kann es dann schon mal vorkommen, dass man auf einmal aus dem Bett kullert und erst aufwacht, wenn man unsanft auf dem Boden gelandet ist.

Warum bekommt man immer so einen Durst, wenn man genascht hat?

Wenn du einmal ziemlich viel genascht hast, ist es dir bestimmt auch schon aufgefallen: Du bekommst ganz schön Durst, nachdem Schokolade, Eis, Gebäck und andere Leckereien verdrückt sind. Woher kommt das?

Es ist eine Art Feuerwehreinsatz des Körpers, der vom Gehirn aus gesteuert wird. Wenn du Süßes naschst, landet es – logisch – erst im Magen und dann im Darm. Beide haben eine Schleimschicht, die ihre empfindliche Wand vor Säuren und anderen Angriffen schützen soll. Wenn man aber viel Süßes isst, greift der Zucker, der in den Süßigkeiten ist, ebendiese Schutzschicht an. Das merkt der Körper und sendet sofort ein Notsignal an das Gehirn: Durst! Der Körper braucht Wasser, um den ganzen Zucker in Magen und Darm zu verdünnen. Also befiehlt uns das Gehirn, so schnell wie möglich etwas zu trinken. Wichtig ist, dass man in dem Fall nur Wasser trinken darf, denn sonst kommt ja noch mehr Zucker in den Bauch – und das würde genau das Gegenteil bewirken.

Wieso geben wir uns zur Begrüßung die Hände?

Wann das mit dem Händeschütteln ganz genau angefangen hat, weiß niemand. Sicher ist, dass sich schon die alten Römer und Griechen mit einem freundlichen – oder auch nicht so freundlichen – Händedruck begrüßt beziehungsweise verabschiedet haben. Aber wozu ist das eigentlich gut?

Es hat zum einen ein bisschen damit zu tun, dass wir den Tieren gar nicht so unähnlich sind. Denn wenn wir uns die Hände geben, ist das wie eine Art »Beschnuppern«. Wir können zum Beispiel durch die Art und Weise, wie uns jemand die Hand gibt, ohne wirklich darüber nachzudenken, gleich spüren, mit wem wir es da zu tun haben. Rüttelt und schüttelt der andere grob oder gibt er uns nur kurz und ganz vorsichtig seine Hand? Je nachdem wissen wir unterbewusst, wie wir den anderen ungefähr einschätzen müssen. Und das war früher enorm wichtig – es hätte ja auch Gefahr von dem anderen ausgehen können! Außerdem werden beim Händeschütteln anscheinend bestimmte Duftstoffe ausgetauscht, die wir zwar nicht direkt riechen, unser Gehirn aber sehr wohl wahrnimmt. Auch diese Duftstoffe sagen sehr viel über jemanden aus: zum Beispiel ob er nervös und aufgeregt ist oder völlig entspannt.

Dazu kommt, dass jeder Händedruck eine Art Freundschaftserklärung ist oder zumindest ein Zeichen, dass man sich gegenseitig nichts tun möchte. Denn mit der leeren Hand versicherte man früher dem anderen auch, dass man keine Waffe bei sich trägt. Es ist also eine Art Friedenszeichen, wenn man jemand anderem die Hand gibt.

Und warum ist es immer die rechte Hand, die man dem anderen geben soll? Das hat mit dem Mittelalter zu tun. Damals trugen die meisten bewaffneten Menschen, wie zum Beispiel

Ritter, ihre Waffe auf der linken Seite des Körpers. Es gab damals eben auch schon mehr Rechts- als Linkshänder. Und die zogen ihre Waffe natürlich auch immer mit der rechten Hand. Es war also ein Zeichen dafür, dass man in friedlicher Absicht gekommen war, wenn man dem anderen seine leere Waffenhand zeigte. Das hat sich mit der Zeit so eingebürgert und ist uns bis heute erhalten geblieben.

Warum ist man erst mit 18 erwachsen?

Viele Kinder fragen sich oft, warum man denn nur so lange warten muss, bis man endlich 18 Jahre alt und damit volljährig, also erwachsen ist. Denn dann kann man tun und lassen, was man möchte. Aber so einfach ist das Ganze dann auch wieder nicht. Denn mit all den Freiheiten, die man bekommt, sobald man offiziell erwachsen ist, gibt es auch ein paar Pflichten, an die man sich ab diesem Moment halten muss.

Früher war das noch anders, da war man sogar erst mit 21 Jahren volljährig. Das wurde in Deutschland erst in den 1970er-Jahren geändert, weil man festgestellt hatte, dass die Jugendlichen doch schon früher als mit dem 21. Lebensjahr ausgewachsen waren. Denn damit hat es zu tun – mit dem Wachsen. Erst wenn man die Pubertät durchlebt hat und zu einer jungen Frau oder einem jungen Mann herangewachsen ist, kann man auch als »erwachsen« bezeichnet werden. Weil das aber immer früher der Fall ist, wurde das Alter der Volljährigkeit damals von 21 auf 18 geändert. Inzwischen sind sich die Experten schon wieder nicht mehr einig, ob man das Alter noch mal weiter nach unten setzen soll, sodass man schon mit 17 volljährig wäre.

Aber wie war das noch gleich mit den Freiheiten und Pflichten, die man bekommt, wenn man 18 Jahre alt geworden ist? Klar, als Erstes fallen einem da die angenehmen Seiten ein. Da wäre zum Beispiel der Führerschein: Hat man ihn bestanden, kann man ganz allein ans Steuer und die Welt erkunden. Außerdem kann man Verträge abschließen, wenn man zum Beispiel ein eigenes Handy oder sogar eine eigene Wohnung haben möchte. All das setzt natürlich voraus, dass man auch das nötige Kleingeld dafür besitzt, denn wenn man nicht ehrlich ist, kann man ab 18 auch ins Gefängnis kommen. Ab diesem Zeitpunkt also ist man für sich selbst verantwortlich. Das heißt aber eben auch, dass man für alles, was man tut, zur Rechenschaft (zur Verantwortung) gezogen werden kann und dass man sich immer vorher überlegen muss, was passieren kann. Wenn man dann irgendwann richtig im Erwachsenenleben angekommen ist, wird das mit den Pflichten leider nicht gerade weniger: Man sucht sich eine Arbeit, bezahlt Steuern (siehe Seite 131) und hat allem gegenüber Verantwortung. Spätestens wenn dann die eigenen Kinder auf die Welt kommen, versteht man, warum es meistens sogar ganz gut ist, dass man erst mit 18 Jahren erwachsen ist.

Weshalb haben wir fünf Finger an jeder Hand?

Ja, warum eigentlich? Wieso sind es nicht vier oder doch gleich acht? Wie bei den meisten Dingen, die sich in der Natur entwickelt haben, hat sich bei den fünf Fingern im Lauf der Jahrmillionen herausgestellt, dass sie am besten geeignet sind. Alles begann vor ungefähr 380 Millionen Jahren, als sich die Flossen einiger Fische ganz langsam zu kleinen Knochen veränderten. Viele Jahre später entstanden aus diesen kleinen Knochen die ersten Finger. Mit ihnen konnten die Tiere ihre Beute direkt aus dem Wasser fischen oder greifen. Die Entwicklung ging weiter, denn alles, was einer Art hilft, besser im Leben zurechtzukommen, wird übernommen. Das nennt man »Evolution«. Alle Lebewesen auf der Erde haben in den vergangenen Millionen Jahren eine Evolution durchgemacht, damit sie so gut wie möglich mit den Bedingungen ihres Lebens zurechtkommen. Die Evolution geht natürlich immer weiter, denn dadurch, dass sich die Welt und ihre Umwelt fortlaufend verändern, müssen sich auch alle Lebewesen immer wieder anpassen. Da dies aber über ein paar Millionen Jahre hinweg geschieht, bekommen wir es gar nicht direkt mit.

Zurück zu den Fischen und den ersten Fingern: Zu der Zeit, als sich die Finger entwickelt hatten, gab es noch verschiedene »Ausführungen« von Händen und Fingern. Da gab es Tiere mit acht und andere mit sieben Fingern. Erst als sich ihre Nachfahren dann 40 Millionen Jahre später vom Wasser aufs Land bewegten, um dort zu leben, wurden die Finger wieder weniger, bis es genau fünf waren. Die Wissenschaftler erklären sich das so: Die fünf Finger waren am besten geeignet – zum Beispiel um zu greifen. Deshalb waren alle weiteren Finger überflüssig und bildeten sich mit der Zeit wieder zurück. Auf diese Weise hat jedes Tier für seinen Lebensraum die beste Art der Hand und die dazu passenden Finger ausgebildet: Vögel haben Flügel, Menschen brauchen Hände und Finger, Fische schwimmen mit Flossen, Katzen haben Pfoten und so weiter.

Für uns Menschen waren die Hände und die fünf Finger einer der Gründe, warum wir uns so weit entwickelt haben, wie wir es heute sind. Denn unsere Finger sind perfekte Werkzeuge, um zu jagen, Feuer zu machen und um Waffen zu bauen. Und das alles hat uns zu dem gemacht, was wir heute sind. Hätten wir unsere fünf Finger nicht, könnten wir keine einzige Idee, die uns einfällt, auch wirklich in die Tat umsetzen!

Warum wachsen Nägel an den Fingern?

Vielleicht hast du dich auch schon mal gefragt, wozu Fingernägel überhaut gut sein sollen, außer dass man sie immer wieder – ein ganzes Leben lang – schneiden muss. Denn sie wachsen ziemlich schnell, ungefähr einen Millimeter pro Woche. Aber wieso tut das Schneiden nicht weh und wozu ist das alles überhaupt gut? Das Schneiden der Fingernägel tut deshalb nicht weh, weil die Nägel aus abgestorbenen Hautzellen bestehen, in denen man nichts spürt. Man kann dazu auch »Horn« sagen. Diese Hornplatten auf unseren Fingern sind sehr wichtig für uns, denn sie sind dazu da, um unsere Fingerkuppen zu schützen. In unseren Fingern – vor allem ganz vorn, in den Kuppen – liegen sehr viele Nervenzellen, damit wir ein gutes Gespür haben, wenn wir mit ihnen arbeiten. Diese Nervenzellen sind äußerst empfindlich, und wir hätten große Probleme, wenn sie einfach nur ungeschützt unter der Haut liegen würden: Wir könnten zum Beispiel nichts anfassen, ohne dass es uns wehtun würde. Um das zu verhindern, gibt es die Nägel. Sie sind mit einem Nagelhäutchen mit der Haut verbunden, sodass kein Schmutz zwischen Nagel und Haut gelangen kann. Jeder Nagel hat eine Nagelwurzel; das ist der Bereich, in dem er aus der Haut wächst, auch »Nagelmatrix« genannt. Der Nagel, den wir sehen können, liegt auf dem Nagelbett. Die Hautzellen wachsen aus der Nagelmatrix, sterben ab und werden hart. Dabei legen sie sich auf das Nagelbett und werden durch das Wachstum immer weiter nach vorn geschoben, bis wir den überschüssigen Teil abschneiden können. Abgesehen vom Schutz helfen uns die Nägel aber auch bei bestimmten Dingen – sie sind wie ein Werkzeug: Wir können damit kratzen oder winzige Dinge »in die Zange nehmen«.

Das Gleiche gilt auch für die Fußnägel, mit dem Unterschied, dass sie viel langsamer wachsen. Sie brauchen einen ganzen Monat, bis sie einen Millimeter länger geworden sind.

Wieso bekommen wir Fieber, wenn wir krank sind?

Wer es schon einmal hatte, weiß: Fieber ist etwas sehr Unangenehmes. Das hängt damit zusammen, dass man Fieber nur dann bekommt, wenn man wirklich krank ist. Doch so schweißtreibend und anstrengend Fieber auch sein mag – es hat einen guten Grund! Denn der Körper wehrt sich damit meistens gegen eine Krankheit, die man durch Bakterien oder Viren bekommen hat. Fieber ist ein Weg, die Krankheit unschädlich zu machen und wieder gesund zu werden. Gäbe es kein Fieber, wären viele Krankheiten lebensgefährlich!

Normalerweise haben wir Menschen eine Körpertemperatur von 37 Grad Celsius. Zwischen 37 und 38 Grad spricht man dann von »erhöhter Temperatur«. Über 38 Grad ist es Fieber. Steigt das Thermometer dann sogar über 40 Grad, wird auch das Fieber selbst zu einer Bedrohung für den Körper und muss mit Medikamenten behandelt werden, die es schnell wieder senken.

Trotzdem ist Fieber ein Helfer, wenn es darum geht, Krankheiten abzuwehren. Denn dann passiert Folgendes im Körper: Das Immunsystem – das ist dafür da, Krankheiten abzuwehren – erkennt einen Eindringling, zum Beispiel ein Bakterium oder ein Virus. Diese Botschaft gibt es an das Gehirn weiter. Das Gehirn reagiert sofort und erhöht die Temperatur im Körper. Warum? Weil die Zellen im Immunsystem, die dabei helfen, eine Krankheit anzugreifen, am besten arbeiten können, wenn es ein bisschen wärmer ist als sonst. Gerade zwischen 38 und 41 Grad leisten sie am meisten und können alle Eindringlinge schnell angreifen. Deshalb friert man auch oft, obwohl man Fieber hat: Das Gehirn sagt, dass es zu kalt ist und dass noch mehr geheizt werden muss.

Fieber ist also ein Notfallprogramm des Körpers, um sich gegen Krankheiten zu wehren.

Warum wird mir beim Autofahren immer schlecht?

Die gute Nachricht ist: Das geht bei den meisten Kindern wieder vorbei. Man nennt das auch »Reisekrankheit«, obwohl es mit einer Krankheit eigentlich gar nichts zu tun hat. Trotzdem ist es natürlich nicht gerade angenehm, mit grummelndem Magen auf einer langen Fahrt im Auto zu sitzen oder sich sogar irgendwann erbrechen zu müssen. Das Problem hat in diesem Fall das Gehirn – es ist verwirrt. Denn die schnellen Bilder, die an den Fenstern vorbeirauschen und von den Augen an das Gehirn geschickt werden, passen mit den anderen Botschaften des Körpers nicht mehr zusammen: Der Gleichgewichtssinn meldet Beschleunigen und Bremsen, der restliche Körper hingegen ruhiges und entspanntes Sitzen. Das kann ja nicht gutgehen! Normalerweise bekommt das Gehirn immer nur Botschaften, die zusammenpassen. Zum Beispiel wenn wir rennen: Die Bilder fliegen schneller an uns vorbei, die Beine bewegen sich mehr, und der Gleichgewichtssinn spürt die schnellen Bewegungen. Für das Gehirn ist dann alles klar – wir rennen. Wenn aber lauter gegensätzliche Meldungen im Gehirn ankommen, ist es verwirrt und meint, wir befinden uns in einer großen Gefahr. In solchen Momenten schaltet es auf »Alarmbereitschaft« um. Das heißt, wir sind aufgeregt und uns wird schlecht, damit wir im Notfall alle Kraft zusammennehmen und fliehen können.

Wie lässt der Körper Wunden heilen?

Eigentlich ist es wie bei den Superhelden: Wenn wir uns verletzen, dauert es eine Zeit, und plötzlich ist die Wunde verschlossen und alles wieder verheilt. Wenn man genau darüber nachdenkt, ist es fast schon wie ein Wunder! Wie macht der Körper das? Und auch noch so, dass wir fast gar nichts davon mitbekommen? Dahinter stecken drei Schritte, die der Körper einleitet, sobald er die Verletzung – durch den Schmerz – bemerkt hat:

1. Als Erstes werden die sogenannten Thrombozyten eingeschaltet. Sie sind sozusagen die Feuerwehr des Körpers und werden im Fall einer Verletzung so schnell wie möglich mit dem Blut an den Unfallort geschickt. Dort angekommen, sind sie dafür zuständig, die Wunde abzudichten. Weil sie aussehen wie winzige Blättchen können sie sich einfach auf die Wunde legen und verkleben dadurch den Ausgang – die Blutung ist gestoppt! Mit dem Eintreffen der Thrombozyten merkt der Körper aber auch: Da stimmt etwas nicht! Also wird der zweite Schritt der Rettungsaktion eingeleitet.

2. Jetzt kommt der Aufräumtrupp zum Einsatz. Er besteht aus verschiedenen Zellen, von denen jede ein Spezialist auf ihrem Gebiet ist. Da gibt es spezielle Zellen, die dafür da sind, Schmutz und Keime wegzuschaffen. Denn alles, was liegen bleibt, kann schlimme Entzündungen hervorrufen. Gleichzeitig kommen andere Zellen zum Einsatz, die einen bestimmten Stoff (ein Eiweiß) hinterlassen, der die Wunde noch mal verklebt und eine heilende Wirkung hat. Als Nächstes setzt eine Flüssigkeit ein, die weiterhin alles, was der Körper nicht in der Wunde braucht, wegschafft. Sie räumt auf, indem sie diese Teile aus der Wunde nach außen schwemmt. Und zu guter Letzt kommt auch noch die Polizei. Das ist unser Immunsystem, das dafür zuständig ist, alle

Bakterien und Keime, die doch noch entwischen konnten, einzufangen und unschädlich zu machen.

3. Im letzten Schritt – das ist meistens um den dritten Tag nach der Verletzung – beginnen die Aufbauarbeiten, und alles wächst wieder langsam zusammen. Es bilden sich neue Hautzellen, welche die Wunde immer weiter verschließen, bis zum Schluss nur noch die etwas hellere Haut zeigt, dass hier eine Verletzung war. Eine Narbe hat sich gebildet. Übrigens: Das ist auch der Grund dafür, warum Narben immer etwas heller sind als der Rest der Haut – es ist neu entstandenes Gewebe.

Nach diesen drei Schritten ist die Wunde wieder verheilt. Das Einzige, was noch daran erinnert, ist die Narbe, die zurückbleibt.

Hilft Hühnersuppe wirklich, wenn man krank ist?

Viele Menschen schwören darauf, bei einer Erkältung oder einer Grippe Hühnersuppe zu essen. Da heißt es dann immer: »Iss das und du wirst gesund!« Stimmt das denn wirklich oder ist es nur ein uraltes Rezept, das im wahrsten Sinne des Wortes immer wieder »auf den Tisch« kommt? Die Antwort lautet: Es hilft tatsächlich! Denn in einer Hühnersuppe sind gleich mehrere Dinge vereint, die den Körper dabei unterstützen, wieder schneller auf die Beine zu kommen. Es ist nicht nur der Dampf, der den entzündeten Bronchien (einem Teil der Lunge) guttut. Auch die Wärme hilft dem Körper, sich besser zu erholen. Der wichtigste Stoff ist aber das sogenannte Zystein. Es ist ein Eiweiß, das durch die Hitze beim Kochen freigesetzt wird. Das Zystein lässt die Schleimhäute abschwellen und hemmt Entzündungen. Das heißt, es sorgt dafür, dass Nase, Hals und Lunge nicht mehr so viel Schleim herstellen. Gleichzeitig wird die Entzündung bekämpft, die der Grund für die Erkältung ist. Es hilft sogar so gut, dass es in vielen Medikamenten, die man in so einem Fall bekommt, eingebaut ist. Hühnersuppe hilft also tatsächlich, wenn man krank ist!

Warum ist es so wichtig, dass Schuhe genau passen?

Wir benutzen unsere Füße jeden Tag, und meistens denken wir auch gar nicht darüber nach. Dabei sind sie ein wahres Wunderwerk der Natur und der Grund dafür, warum wir überhaupt aufrecht laufen können. Und gerade das ist gar nicht so einfach, wie es aussieht. Denn unsere Füße mussten eine lange Zeit der Entwicklung durchmachen, bevor sie uns aufrecht stehend überhaupt ausbalancieren konnten. Wenn man zum Beispiel mit den Entwicklern von Robotern spricht, hört man immer wieder, dass das Schwierigste von allem die Füße sind! Sie müssen nicht nur vorwärtsgehen können, sondern auch das ganze Gewicht tragen und dabei noch das Gleichgewicht halten, damit der Roboter nicht umfällt. Das Gleiche gilt für unsere Füße. Damit das alles klappt, haben sie 26 Kochen, die mit fast genauso vielen Gelenken verbunden sind. Um die Knochen zusammenzuhalten, braucht ein Fuß mehrere Hundert Bänder und Sehnen. Sie sind auch dafür da, dass der Fuß stabil bleibt und gestützt wird. Dann gibt es noch die Muskeln. Wir brauchen sie, damit wir den Fuß bewegen können. Außerdem gibt es in unseren Füßen unzählige Nerven, die dem Gehirn sofort melden, »wenn der Schuh drückt«. Sie nehmen aber auch die kleinsten Veränderungen wahr – da reicht manchmal schon ein winziger Kieselstein aus. Unsere Füße sind also stark, beweglich und empfindlich zugleich. Wir springen und tanzen auf ihnen mit unserem ganzen Gewicht und sind dann erstaunt, wenn sie doch einmal überlastet sind. Bei jedem Schritt arbeiten alle 60 Muskeln und über 200 Sehnen gleichzeitig. Die Sohle ist dafür da, dass unser Gewicht abgefedert wird. Sie funktioniert ähnlich wie die modernen luftgepolsterten Schuhe, nur dass sie nicht mit Luftpolstern, sondern mit Fett gefüllt ist.

Deshalb ist auch so wichtig, passende Schuhe zu tragen. Denn jeder Schuh, der zu klein oder zu groß ist, schadet unseren Füßen und kann sie auf Dauer sogar krank machen.

Wozu braucht man das Schmalz in den Ohren?

Dieses unappetitliche Schmalz im Ohr hat – wie sollte es auch anders sein – natürlich einen guten Grund: Es dient dem Ohr nämlich als Schutz. Da es zäh und klebrig ist, können Eindringlinge nicht bis zu dem empfindlichen Trommelfell gelangen. Gäbe es kein Ohrenschmalz, hätten es Bakterien und kleine Insekten leicht, bis ins Innere des Ohrs vorzudringen, und es würde nicht lange dauern, bis wir davon Ohrenschmerzen bekommen würden. In der klebrigen Masse bleibt aber normalerweise alles stecken, was den Ohren gefährlich werden könnte. Leider machen immer noch sehr viele Menschen den Fehler, ihre Ohren mit Wattestäbchen zu reinigen. Denn das hat leider genau das Gegenteil zur Folge: Das Ohr wird nicht sauber, sondern das ganze Ohrenschmalz wird mitsamt den Dreckstückchen immer weiter nach hinten ins Ohr geschoben. Davon kann sich der Gehörgang entzünden und das tut weh. Außerdem kann es auch nach einer Weile zu einer richtigen Verstopfung kommen, sodass wir nicht mehr gut hören können. In beiden Fällen muss man zum Ohrenarzt, der den Pfropfen, der sich gebildet hat, dann wieder entfernt. Macht man das zu oft, kann man den Gehörgang beschädigen. Zum anderen wird durch das ständige Bohren mit dem Wattestäbchen immer nur noch mehr Ohrenschmalz gebildet. Denn die Drüsen, die dafür zuständig sind, das Schmalz herzustellen, werden so immer wieder angeregt und stellen mehr Ohrenschmalz her. Unsere Ohren brauchen also auf keinen Fall eine Reinigung mit Wattestäbchen. Normalerweise machen sie das nämlich ganz von selbst, wenn wir baden oder duschen. Dabei wird das Schmalz einfach aus dem Ohr gespült.

Warum müssen wir zittern, wenn es kalt ist?

Eines muss man unserem Körper schon lassen: Er ist eine perfekt ausgeklügelte »Maschine«, die sich immer darum kümmert, dass wir in den verschiedensten Lebenslagen überleben. Dazu gehört auch der Umgang mit der Temperatur: Unser Körper hat überall unzählige Temperaturfühler, die sogenannten Rezeptoren. Die meisten befinden sich in der Haut und merken sofort, wenn sich die Temperatur um uns herum verändert. Es gibt Rezeptoren, die Wärme bemerken, und andere, welche die Kälte »messen«. Sie sind wie viele andere Warnsysteme des Körpers dazu da, uns zu schützen. Denn auch zu viel Hitze oder Kälte können uns mit der Zeit sehr gefährlich werden. Wenn sich also die Temperatur ändert, schicken die Rezeptoren sofort ein Signal an das Gehirn, das dann auch gleich reagiert.

Ist es zu heiß geworden, veranlasst das Gehirn, dass wir schwitzen. Durch den Schweiß, der sich dann auf der Haut befindet, sinkt die Temperatur, vor allem dann, wenn noch etwas Wind dazukommt. Das nennt man auch »verdunsten«. Wenn Flüssigkeit verdunstet, wird es kühler.

Die anderen Rezeptoren in der Haut melden, wenn es zu kalt wird. In dem Fall leitet das Gehirn andere Dinge ein, um den Körper wieder etwas aufzuheizen. Denn wenn der Körper durch Kälte an Temperatur verliert, muss das wieder ausgeglichen werden, weil sonst lebenswichtige Organe nicht mehr richtig arbeiten können. Die Kälte nimmt unserem Körper

Energie. Damit der Energieverlust nicht zu groß wird, sendet ihm das Gehirn gleich mehrere Befehle:

1. Wir bekommen eine Gänsehaut. Die Härchen, die sich auf unserer Haut über den ganzen Körper verteilt befinden, stellen sich auf. Dadurch entsteht eine Art Kissen auf der Haut. Unter dem Kissen befindet sich die warme Luft, die vom Körper abgestrahlt wird. Durch das »Kissen« wird sie länger am Körper gehalten, damit er nicht so schnell abkühlt.

2. Die Muskeln ziehen sich zusammen. Deshalb macht man sich, wenn man friert, manchmal etwas kleiner. Dadurch, dass sich die Muskeln zusammenziehen, wird die Haut weniger durchblutet, das heißt, sie braucht nicht mehr so viel Blut. Der Körper kann das Blut dann dafür nutzen, wichtigen Organen wie dem Gehirn ausreichend Wärme zur Verfügung zu stellen.

3. Der Körper beginnt zu zittern – ob wir wollen oder nicht. Manchmal wird das Zittern sogar so stark, dass unsere Zähne mitklappern. Und das ist auch gut so. Die Muskeln ziehen sich dabei abwechselnd ganz schnell zusammen und dehnen sich wieder aus. Das ist das Zittern. Es hilft dem Körper, seine Temperatur wieder zu erhöhen. Wie das funktioniert, kannst du ganz einfach nachvollziehen, indem du dich, wenn dir kalt ist, bewegst. Auch dabei werden deine Muskeln zusammengezogen und wieder gedehnt. Wenn du das lange genug machst, wirst du bald feststellen, dass dir wärmer geworden ist.

Das Zittern ist also eine von mehreren Möglichkeiten des Körpers, sich vor Kälte zu schützen. Es passiert ohne eigenes Zutun, weil es automatisch vom Gehirn gesteuert wird.

Stimmt es, dass Musik glücklich macht?

Mit einem Wort: Ja! Es stimmt, und genau deshalb gibt es inzwischen schon richtige Kuren mit Musik, die kranken Menschen helfen können. In dem Fall wird eine ganz bestimmte Musik ausgewählt und dem Kranken vorgespielt. Aber auch wenn man nicht krank ist, wirken sich die Töne und Klänge von Musik auf unser Gehirn aus. Das merkst du selbst ganz schnell, wenn du verschiedenen Arten von Musik lauschst. Da gibt es Stücke, die ganz langsam und traurig sind. Wenn du sie hörst, merkst du, dass du ruhiger und vielleicht sogar selbst etwas traurig wirst. Wenn du aber sehr schnelle und fröhliche Musik hörst, kann sich auch das auf deine Stimmung übertragen. Man fühlt sich dabei nicht nur lebendiger, sondern der ganze Körper macht mit. Plötzlich fangen wir an, mit den Fingern im Takt zu klopfen, oder die Beine wollen einfach nicht mehr still stehen und wir fangen an zu wippen oder zu tanzen. Man merkt also ganz deutlich, welchen Einfluss die Musik hat. Aber warum ist das so?

Der Schall der Musik wird von unseren Ohren über den Hörnerv an das Gehirn weitergeleitet. Dort angekommen, wird die Musik von vielen verschiedenen Bereichen im Gehirn aufgenommen und verarbeitet. Das ist auch der Grund dafür, warum man manchmal, wenn man Musik hört, richtige Bilder dazu im Kopf hat. Man sieht zum Beispiel eine Band, die ein Konzert gibt, oder sich selbst als Rockstar auf der Bühne. Die Musik wird also nicht nur in den einen Bereich geleitet, der für das Hören zuständig ist. Sie durchwandert zum Beispiel auch den Teil, in dem die Gefühle oder die Erinnerungen entstehen. Deshalb verbinden wir oft mit einer Melodie, die wir schon einmal gehört haben, bestimmte Erinnerungen oder Gefühle. Das ist auch der Grund dafür, warum jeder Musik anders wahrnimmt. Es kommt darauf an, was wir erlebt oder gedacht haben, als wir sie das erste Mal gehört haben. So kann ein und dieselbe Melodie ganz verschiedene Dinge bei unterschiedlichen Menschen auslösen. Was aber bei allen gleich ist: Als angenehm empfundene Musik löst im Gehirn etwas ganz Bestimmtes aus – egal ob man sie selbst macht oder anhört – nämlich Glücksgefühle! Es schüttet dabei verschiedene Hormone aus, die dafür sorgen, dass es uns gutgeht. So ähnlich funktioniert das zum Beispiel auch dann, wenn wir etwas gutes essen oder uns an der frischen Luft bewegt haben. Durch dieses Glücksgefühl wird automatisch der Stress, den man vielleicht gerade noch hatte, gedämpft. Das heißt, wenn es einem nicht so gutgeht, kann eine schöne Melodie schon ausreichen, um die Stimmung zu verbessern. Und genau das merkt sich auch unser Gehirn. Wenn man dann auch noch gemeinsam Musik hört oder sie sogar zusammen macht, kann man damit sogar richtige Schmerzen lindern. Man hat herausgefunden, dass Musik den Körper dazu bringt, mehr von den Zellen herzustellen, die uns vor Krankheiten schützen. Musik macht also nicht nur glücklich, sondern auch noch gesünder. Außerdem hilft sie auch bei Unruhe und Schlafstörungen.

Es gibt aber noch eine andere, sehr wichtige Auswirkung von Musik auf unseren Körper und in dem Fall direkt auf unser Gehirn: Musik bringt das Gehirn dazu, dass sich all die Nerven, die sich dort befinden, mehr und besser vernetzen. Dadurch werden auch die beiden Hirnhälften besser miteinander verbunden. Man hat dazu die Gehirne von Musikern untersucht und mit denen von Menschen verglichen, die nur wenig Musik hören. Dabei kam heraus, dass die Gehirne der Musiker viel besser vernetzt waren und dass sie sogar mehr von der Gehirnmasse besaßen, die für das Sehen, Hören und die Bewegungen zuständig ist. Musik fördert das Gehirn also und hält es dadurch fit! Am besten funktioniert das natürlich, wenn man die Musik hört, die man mag. Man kann das Gehirn sogar mithilfe von Musik trainieren, sodass man sich besser konzentrieren kann. Dazu sollte man aber lieber nur instrumentale Melodien hören, also Stücke ohne Gesang, weil die Texte sonst ablenken können.

Probiere es doch einfach einmal aus, dann kannst du es selbst erleben und spüren – viel Spaß!

SO FUNKTIONIERT DIE WELT

Woher kommt der Schaum beim Baden?

Wenn man in der Badewanne sitzt und von riesigen Schaumbergen umgeben ist, fragt man sich irgendwann einmal: Wo kommen diese wunderbaren Schaumblasen denn eigentlich her? Klar – die Seife macht's! Aber wie?

Wasser enthält immer auch ein bisschen Luft, die vor allem dann, wenn wir uns bewegen, nach oben getrieben wird. In klarem Wasser dringt die Luft mit der Zeit nach oben – hin zur Wasseroberfläche. Dort bildet sie dann kurz eine kleine Blase, die sofort wieder zerplatzt. Das geht so schnell, dass wir es mit bloßem Auge nur ganz kurz wahrnehmen können, und liegt daran, dass die Wasseroberfläche sehr dünn und brüchig ist. Wenn man aber Seife ins Wasser gibt, verändert sich die Wasseroberfläche. Denn: Seife macht das Wasser weicher. Dadurch wird auch automatisch seine Oberfläche dehnbarer – so ähnlich wie ein Kaugummi. Wenn jetzt die Luftblasen von unten auf die Wasseroberfläche treffen, dehnt sich die Haut der Oberfläche weiter aus. Es entsteht eine Blase, die dehnbarer und somit stabiler ist als in normalem Wasser. Das heißt, es dauert länger, bis ihre Oberfläche platzt. Das Ganze passiert viele Male, bis das Wasser von einer dichten Schicht Schaumblasen bedeckt ist. Die Haut der Seifenblasen besteht dann aus Wasser und Seife. Mit der Zeit fließt dieses Seifenwasser aber wieder zurück in die Wanne. Dadurch wird die Haut der Blase dünner, sodass sie reißt. In diesem Moment lösen sich die Seifenblasen wieder auf.

Wo ist der Wind, wenn er nicht weht?

Bevor man sich fragt, wo der Wind herkommt, sollte man wissen, wie er überhaupt entsteht. Das Wichtigste dabei ist die Sonne. Denn durch ihre Strahlen wird der Boden erhitzt. Warme Luft ist immer ein bisschen dünner und leichter als kalte. Deshalb steigt sie nach oben. Sobald die warme Luft nach oben steigt, wird es am Boden wieder kälter: Es entsteht ein sogenannter Tiefdruck, und es gibt es einen Druckunterschied zwischen warmer und kalter Luft. Damit dieser Unterschied wieder ausgeglichen wird, strömt die kalte Luft in Richtung der warmen. Und so kommt Bewegung in die Luftmassen: Wind entsteht!

Wind ist einfach nur Luft, die in Bewegung ist. Sobald die kleinen Teilchen, die sich in der Luft befinden, nicht mehr bewegt werden, ist es windstill. Das heißt, dass die Luft in diesem Moment stillsteht und man keinen Luftzug, also Wind, spürt.

Die Erde ist rund und fliegt – warum fallen wir nicht runter?

In der Physik gibt es eine Regel, die sagt: Massen ziehen sich gegenseitig an. Und genau das ist der Grund dafür, dass wir nicht von der Erde fallen. Denn unsere Erde ist ziemlich groß, das heißt, sie hat eine große Masse. Wir und alles andere, was sich auf ihr befindet, sind im Vergleich zu ihrer Masse wie winzige Teilchen – selbst die Berge. Es ist ungefähr so, als würde man Ameisen auf eine Wassermelone setzen. Laut der physikalischen Regel ist es also die Masse der Erde, die uns alle auf ihrer Oberfläche festhält. Diese Anziehungskraft der Erde nennt man Erdanziehungskraft oder Schwerkraft. Sie ist dafür verantwortlich, dass alles, was sich auf der Erde und in ihrer Nähe befindet, auch dort bleibt – sogar die Meere und die Luft! Erst wenn man sich immer weiter von der Erde entfernt, lässt die Anziehungskraft allmählich nach.

Der Schwerkraft ist übrigens auch der Grund dafür, warum alles, was wir fallen lassen, zu Boden fällt – es wird von der Erde angezogen. Jeder Planet hat eine solche Anziehungskraft, die unterschiedlich stark ist. Der Mond hat zum Beispiel weniger als die Erde, weil er kleiner ist und damit weniger Masse hat.

Weshalb stoßen Erde, Mond und Sonne nicht zusammen?

Schaut man in den Himmel, kann man sich fragen, warum die ganzen Planeten eigentlich nicht zusammenstoßen, wenn sie da draußen herumfliegen. Denn jeder dieser Planten besitzt eine eigene Anziehungskraft.

In unserem Sonnensystem wird dieses Problem mithilfe der sogenannten Fliehkraft geregelt: Der Mond dreht sich um die Erde, und die Erde dreht sich um die Sonne. Bei dieser ganzen Karussellfahrt der Planten entsteht eine Kraft – die Fliehkraft. Genau das Gleiche passiert zum Beispiel, wenn du in einem Kettenkarussell fährst. Durch das schnelle Drehen heben die Sitze ab, werden nach außen gedrückt – und du schwebst. Und zwar ohne an das Karussell zu knallen. Wenn der Motor dann gedrosselt wird und das Karussell sich langsamer bewegt, fliegt man auch nicht mehr so weit weg.

Die Planeten drücken sich also, weil sie sich umeinander drehen, gegenseitig weg. Die Anziehungskraft der Planeten selbst und die Fliehkraft zwischen ihnen sind so perfekt »eingestellt«, dass sie immer auf dem gleichen Weg – der Umlaufbahn – umeinander kreisen.

Warum gehen die riesigen Kreuzfahrtschiffe nicht einfach unter?

Wer schon einmal ein Kreuzfahrtschiff gesehen hat, kommt meistens aus dem Staunen nicht mehr heraus. Da bewegen sich Schiffe durch das Wasser, die so groß sind, dass man manchmal gar nicht sehen kann, wo sie aufhören, und haben noch dazu alles an Bord, was man auch in kleinen Städten finden kann. Da gibt es mehrere Schwimmbäder, Kinos, Theatersäle, Fitnessstudios, Restaurants, Hunderte Zimmer – die nennt man auf dem Schiff Kabinen – und noch vieles mehr. Wenn man sich dann aber auch noch vorstellt, was das alles zusammen wiegen muss – ein solches Schiff besteht schon allein aus Tausenden Tonnen Stahl –, ist es eigentlich ein Wunder, dass diese Riesen nicht sofort untergehen.

Warum das aber doch funktioniert, erklärt uns die Physik. Denn die Physiker haben viele spannende Dinge festgestellt und können damit beinahe alles auf dieser Welt erklären. Wenn sie einer Sache auf die Schliche gekommen sind und verstanden haben, wie es geht, machen sie daraus Regeln. Das Tolle ist, dass sich diese Regeln dann auch auf viele andere Bereiche anwenden lassen. Und genau so ist es auch hier. Es gibt ein physikalisches Gesetz, das besagt: Alles, was sich im Wasser befindet, ist leichter als außerhalb. Wenn du zum Beispiel mit deinen Freunden im Schwimmbad herumtobst, dann ist es auf einmal ganz leicht, einen anderen hochzuheben. Außerhalb des Wassers wäre das viel schwieriger. Aber warum ist das so?

Die Wissenschaftler haben herausgefunden, dass Wasser einen sogenannten Auftrieb hat. Das heißt, es hat eine Kraft, die nach oben treibt. Und was noch viel spannender ist: Je größer ein Körper ist, der auf dem Wasser treibt, umso mehr wird er nach oben gehoben. Das hat mit der Oberfläche zu tun, und du kannst es sogar selbst ausprobieren: Wenn du einen kleinen, schweren Gegenstand in die Badewanne fallen lässt, wird er sehr schnell untergehen. Er hat nicht genug Oberfläche, um auf dem Wasser zu treiben. Wenn du dann etwas nimmst, das ganz genauso schwer, aber zum Beispiel breiter gebaut ist, wirst du sehen, dass es viel länger dauert, bis es sinkt. Es kommt also eher auf die Größe der Oberfläche an als aufs Gewicht. Wichtig ist dabei aber dennoch, dass die Oberfläche des Gegenstandes genau zu seinem Gewicht passen muss, damit er oben bleibt. Das kann man ausrechnen. In dem Fall der Schiffe machen das Ingenieure. Sie berechnen alles so genau, dass auch diese riesigen Kolosse nicht untergehen.

Wie kommt die Musik ins Radio?

Es vergeht kaum ein Tag, an dem man nicht den Sprechern oder der Musik im Radio lauscht. Aber wie kommen die Leute und die Musik da eigentlich rein? Richtig – als Erstes braucht man einen Radiosender. Das ist meistens ein ziemlich großes Gebäude, in dem die Sprecher – man nennt sie auch Moderatoren – in Studios sitzen. Jedes Studio ist mit hochentwickelten Mikrofonen ausgestattet, und alles, was in diese Mikrofone gelangt, also zum Beispiel Sprache oder Musik, wird dort in elektrische Signale umgewandelt. Diese Signale werden dann von einem sehr starken Sender in die Welt geschickt. Man nennt sie auch »Radiowellen« oder »Funkwellen«. Sie verteilen sich ganz gleichmäßig in der Luft und werden dann von den Antennen der Radiogeräte eingefangen. Dort angekommen, werden sie wieder in Töne umgewandelt, und wir können über den Lautsprecher hören, was im Studio gesagt oder abgespielt wurde.

Warum hüpfen Bälle?

Wenn man einen Ball auf den Boden wirft, springt er wieder nach oben. Das klappt aber nur, wenn der Boden hart ist. Warum das so ist? Ganz einfach: Sobald ein Ball auf dem Boden auftrifft, verformt er sich, denn der Boden ist härter als der Ball. Also ist der Ball auch das Einzige, auf das die Kraft, die beim Aufprall entsteht, wirken kann. Er ist entweder mit Luft oder mit Gummi gefüllt, und das macht ihn weich und formbar. Sobald er aufkommt, nimmt er die Kraft des Aufpralls in sich auf und verformt sich dabei. Er bekommt eine Delle. Aber nur für ganz kurze Zeit. Weil er elastisch ist, drückt er sich sofort wieder in seine alte Form. Die Delle ploppt sozusagen wieder nach außen und dabei wird der Ball vom Boden weggedrückt: Er springt! Deshalb klappt das Ganze auch nur auf hartem Boden. Ist der Untergrund weicher als der Ball, zum Beispiel Sand, bekommt dieser die Delle und der Ball bleibt einfach liegen.

Wieso blitzt es bei Gewittern?

Wir alle wissen, dass Blitze genauso zu einem Gewitter gehören wie der Donner. Der Unterschied dabei ist aber, dass der Donner uns nichts anhaben kann, während Blitze sogar lebensgefährlich sein können. Leider kann niemand etwas gegen die Blitze machen, aber solange du dich während eines Gewitters in Sicherheit bringst, kannst du sie ganz ohne Angst beobachten. Denn Blitze sind immer wieder ein spannendes Naturschauspiel, das man ja auch nicht jeden Tag zu sehen bekommt. Wie du dich vor Blitzen schützen kannst, erfährst du zum Schluss.

Erst einmal ist es interessant zu wissen, woher die Blitze überhaupt kommen beziehungsweise wie sie entstehen.

Generell ist ein Blitz eine elektrische Ladung, die sich in Gewitterwolken ansammelt, um sich dann, wenn sie stark genug ist, wieder zu entladen. Und genau dieses »Entladen« passiert durch einen Blitz. Er entsteht, weil sich in den Gewitterwolken Eisteilchen und Wassertropfen durch Reibung elektrisch aufladen. Was bei einer solchen Reibung geschieht, kannst du in einem kleinen Experiment ganz einfach nachvollziehen: Reibe einen Luftballon an deinen Haaren. Du wirst staunen, was dabei passiert!

Die Eisteilchen sind hoch oben in der Wolke, denn dort ist es am kältesten. Die Wasserteilchen befinden sich weiter unten. Im oberen Teil laden sich die Eisteilchen mit der Zeit mit einer positiven elektrischen Ladung auf, während sich die Wasserteilchen im unteren Teil der Wolke negativ aufladen. Das ist dann wie in einer Batterie: Zwischen den beiden aufgeladenen Schichten entsteht eine elektrische Spannung. Diese Spannung wird immer größer, bis sie sich endlich entlädt – der Blitz entsteht und schießt zu Boden. Das passiert allerdings nur dann, wenn sich die Ladung zwischen der Gewitterwolke und der Erde aufbaut. Die meisten Blitze entladen sich nur innerhalb der Gewitterwolke und nicht auf der Erde.

Allein in Deutschland gehen in einem Jahr ein paar Hunderttausend bis zu einer Million Blitze zum Boden. Ein Blitz kann bis zu 30 000 Grad Celsius heiß werden und ist damit eine echte Naturgewalt und Gefahr – auch für den Menschen.

Und so kannst du dich vor einem Blitz schützen:

1. Halte dich während eines Gewitters auf keinen Fall auf einem freien Feld auf! Blitze schlagen meistens in den höchs-

ten Punkt der Umgebung ein – und das wärst dann in diesem Fall du. Wenn du trotzdem in diese Lage kommen solltest, suche dir eine Kuhle im Boden und geh dort in die Hocke. Dabei umklammerst du deine Arme und Beine. So bist du am allerkleinsten, und der Blitz findet nicht genug Platz, um dich zu treffen. Aber lege dich nicht hin! Denn dann bist du schon wieder ein ganzes Stückchen länger.

2. Weil sich Blitze immer den höchsten Punkt suchen, um ihre Ladung loszuwerden, darfst du dich bei einem Gewitter nie unter einen Baum stellen. Das Gleiche gilt für andere hohe Punkte wie Masten oder Türme.

3. Strom wird von Wasser angezogen. Wenn du also bei einem aufziehenden Gewitter gerade im Freibad bist oder im See schwimmst – sofort raus aus dem Wasser!

4. Gehe so schnell wie möglich in ein Gebäude oder setze dich ins Auto. Hier bist du am sichersten. Häuser haben inzwischen alle einen Blitzableiter, und Autos sind sowieso der perfekte Schutz vor Blitzen. (Warum das so ist, erfährst du im Folgenden.)

Warum ist ein Auto der sicherste Platz während eines Gewitters?

Es hört sich wirklich sehr merkwürdig an, aber es stimmt: Das Auto ist während eines Gewitters einer der sichersten Orte. Denn es ist ein sogenannter faradayscher Käfig. Ein was? Den komischen Namen hat der faradaysche Käfig von seinem Entdecker, dem Forscher Michael Faraday. Er hat in seinen Versuchen herausgefunden, dass man bei einem Gewitter am sichersten ist, wenn man sich in einem metallenen Käfig befindet. Und das Auto ist nichts anderes! Das Gleiche gilt natürlich auch für Züge oder Flugzeuge. Wichtig ist nur, dass der Raum, in dem man sich befindet, geschlossen und rundherum von Metall umgeben ist. Wenn der Blitz dann auf diesen Käfig aus Metall trifft, wird er außenherum abgeleitet und in den Boden geführt. Denn Blitze werden von Metall angezogen, weil es den Strom so gut leitet. Selbst ein Flugzeug, das durch ein Gewitter fliegt, ist sicher. Der Blitz wird an der Hülle aus Metall, die das Flugzeug umgibt, abgeleitet, und die Menschen im Inneren bleiben verschont.

Wie macht eine Lupe alles größer?

Eine Lupe kann in vielen Bereichen sehr hilfreich sein, denn sie macht Dinge sichtbar, die mit dem bloßen Auge kaum zu erkennen sind. Deshalb wird sie immer gern benutzt, wenn es darum geht, Dinge zu erforschen. Aber auch ältere Menschen, die Probleme mit den Augen haben, nehmen die Lupe gern zu Hilfe, wenn sie zum Beispiel sehr klein gedruckte Buchstaben entziffern müssen. Eigentlich ist die Lupe aber doch nur ein Glas – wie geht das, dass sie alles so viel größer werden lassen kann?

Es ist richtig – die Lupe ist ein Glas. Aber sie ist ein ganz besonderes Glas, denn sie wird extra so geschliffen, dass alles, was man durch sie betrachtet, zwei- bis sechsmal so groß wird, als es in Wirklichkeit ist: Das Glas ist nämlich in der Mitte ganz dick und wird zu den Rändern hin immer dünner. Diese besondere Form lässt alles darunter größer erscheinen. Schon die alten Römer hatten herausgefunden, dass, wenn man Wasser in eine Glasschale gibt, alles darunter um einiges größer aussieht. Später wurde diese Entdeckung dann weiterentwickelt – die Lupe war geboren. Das passierte vor ein paar Tausend Jahren. Einige Jahrhunderte später hatte man die Idee, mehrere Lupen hintereinander in eine Röhre zu setzen, um noch mehr vergrößern zu können. Das war dann die Geburtsstunde des Mikroskops! Heute gibt es Mikroskope, die sogar kleinste Teilchen sichtbar machen, die man mit bloßem Auge nie wahrnehmen könnte.

Wie funktioniert eine Waage?

Manchmal stellt man sich auf eine Waage, um zu erfahren, wie viel man wiegt oder weil der Arzt es wissen muss. Es gibt viele Gründe, warum man sein Gewicht überprüft, aber nur eine verlässliche Möglichkeit: eben die Waage. Man stellt sich darauf, und innerhalb weniger Sekunden weiß man, wie schwer man ist. Aber was passiert in so einer Waage, dass sie uns das so genau sagen kann?

Dinge zu wiegen ist absolut keine Neuigkeit für die Menschen. Die älteste Waage der Welt stammt aus dem 5. Jahrtausend vor Christus! Mit der Zeit haben sich viele verschiedene Arten von Waagen entwickelt. Hier soll es um die ganz »normale« Waage gehen, die inzwischen fast jeder bei sich zu Hause hat. Man nennt sie auch »Personenwaage«, weil man damit hauptsächlich das Gewicht von Menschen bestimmt. Es gibt zwei Arten von Personenwaagen: die elektrische und die mechanische.

Und so sieht eine elektrische Waage von innen aus: Hier befinden sich eine oder mehrere »Wägezellen«. Das sind kleine Metallstücke, meistens aus Aluminium oder Stahl. Sie sind ein paar Zentimeter lang, und auf ihnen sind ganz feine Drähte befestigt, durch die ein klein wenig Strom fließt. Wenn man sich auf die Waage stellt, werden die Wägezellen durch das Gewicht gedrückt und damit verformt. Sobald sich das Metall der Wägezellen verformt, werden auch die dünnen Drähte auf ihnen auseinandergezogen. Durch dieses Dehnen wird der Fluss des elektrischen Stromes in den Drähten verändert. Diesen Unterschied nimmt ein in die Waage eingebauter Chip – eine Art Minicomputer – wahr. Der Chip errechnet dann genau, was der Unterschied in Kilogramm bedeutet, und schickt das Ergebnis auf die Anzeige der Waage.

Eine Waage, die noch ohne Strom funktioniert, nennt man »mechanische« Waage. Sie arbeitet natürlich genauso exakt und ist immer noch so oft in Gebrauch wie die moderne elektrische Waage. Bei der mechanischen Waage sieht das Innere ein bisschen anders aus: Hier gibt es keine Wägezelle, sondern eine Feder, die sich verformt, sobald jemand die Waage betritt. An einem Ende der Feder ist eine Vorrichtung mit einem Zeiger. Je nachdem, wie stark sich die Feder verformt, zeigt der Zeiger auf einer Zahlenreihe im Sichtfenster das gemessene Gewicht an.

Wie funktioniert eine Silvesterrakete?

Eine Silvesterrakete besteht aus vier Teilen: der Zündschnur, dem Motor, dem Laderaum und einem langen Holzstab. Der Holzstab dient als Halter, damit die Rakete in sicherem Abstand aufgestellt werden kann, zum Beispiel in einer Flasche. Man entzündet die Rakete an der Zündschnur, die das Feuer innerhalb von etwa sieben Sekunden in den Motorraum leitet. Hier befindet sich eine explosive Mischung aus Schwarzpulver – das hat man auch früher in die Pistolen gestopft – und Titan. Das Titan macht den schönen Funkenschweif, wenn die Rakete nach oben fliegt. Durch die Explosion im Motorraum entsteht der Druck, durch den die Rakete dann nach oben getrieben wird – sie fliegt! Wenn Schwarzpulver und Titan abgebrannt sind, gelangt das Feuer weiter bis in den Laderaum. Der beinhaltet Mischungen aus Schwarzpulver und verschiedenen Salzen. Jedes dieser Salze erzeugt eine andere Farbe. Auch diese

Mischungen explodieren, und die verschiedenen Salze entzünden sich. In dem Moment sehen wir dann die vielen faszinierenden Farben am Nachthimmel.

Es sind also gleich mehrere Explosionen dafür verantwortlich, dass die Raketen in der Silvesternacht so schön leuchten. Aber genau das birgt auch eine Gefahr! In jeder Rakete befindet sich, wie du jetzt weißt, eine gefährliche Mischung aus Schwarzpulver. Deshalb ist es sehr wichtig, beim Starten äußert vorsichtig zu sein und sie niemals zu öffnen!

(Übrigens: Warum der Tag, an dem das neue Jahr gefeiert wird, Silvester heißt, erfährst du auf S. 183.)

Warum ist das Meer blau und der Regenbogen bunt?

Wenn man genau hinsieht, ist es wirklich merkwürdig: Immer dort, wo sich viel Wasser befindet, scheint es blau zu sein. Aber wenn man es dann durch die Hände sickern lässt, ist es durchsichtig. Wie kann das sein? Sogar das Wasser im Schwimmbad ist durchsichtig. Man sieht, dass es nur blau wirkt, weil die Fliesen des Beckens diese Farbe haben. Manche sagen, das Wasser im Meer sei deshalb blau, weil sich der Himmel darin spiegelt. Aber das stimmt auch nicht! Denn wenn der Himmel bewölkt und grau ist, bleibt das Wasser im Meer trotzdem blau. Es gibt also einen anderen Grund, nämlich die Wirkung von Tageslicht auf das Wasser! Licht besteht aus vielen verschiedenen Farben – den sogenannten Spektralfarben). Wenn es einen Regenbogen gibt, kannst du sie alle auf einmal sehen. Diese Farben werden durch Wasser »gebrochen«, das heißt verteilt. Die Sonne scheint und gleichzeitig regnet es. Das Regenwasser bricht das Sonnenlicht dann so, dass man alle Farben sehen kann. Wenn man aber viel mehr Wasser als in einem Regenschauer hat, wie zum Beispiel in einem See oder im Meer, werden die verschiedenen Farben des Sonnenlichts von den Wassermassen wieder verschluckt. Die einzige Farbe, die übrig bleibt, ist Blau. Die anderen Farben werden, je tiefer das Wasser wird, immer mehr herausgefiltert und dadurch verschluckt.

Wie kommt das Hörspiel auf die CD?

Eine CD besteht aus vielen kleinen Plastikteilchen, die zu einer kleinen Scheibe zusammengepresst werden. Diese Scheibe ist erst einmal durchsichtig. Dann wird mit einer Presse ein ganz bestimmtes Muster darauf geprägt. Das Muster kann man mit den bloßen Augen nicht sehen, aber wenn man das Ganze unter einem Mikroskop betrachtet, erkennt man lauter kleine und größere Druckstellen auf der Scheibe. Dieses Muster kann der CD-Player lesen und in Musik oder Stimmen umwandeln. Damit das auch klappt, muss erst noch eine ganz dünne Schicht Aluminium über die Scheibe gezogen werden. Und um diese empfindliche Schicht zu schützen, trägt man zum Schluss eine weitere Schicht aus Klarlack auf. Jetzt kann es losgehen: Die CD wird in den CD-Player gelegt, und er spielt ab, was darauf »gedruckt« wurde.

Und das geht so: Die CD wird von einem kleinen Motor im Kreis gedreht, damit ein kleiner Laser, der im Gerät eingebaut ist, Stück für Stück das Muster auf der CD anstrahlen kann. Das Licht des Lasers wird von der Aluminiumschicht auf der CD wie bei einem Spiegel wieder zurückgeworfen und trifft auf eine kleine Linse. Sie funktioniert wie ein Auge und kann die unterschiedlichen Lichtstrahlen des Lasers »lesen«. In der Linse wandelt der CD-Player dann das Muster in verschiedene Töne um. Sie werden dann in den Lautsprecher transportiert und für uns hörbar gemacht.

Sind manche Flugzeuge wirklich schneller als der Schall?

Zuerst muss man wissen, dass der Schall das ist, was wir hören. Wenn also der Nachbar seinen Rasenmäher anwirft, ist es der Schall, der die Geräusche an unser Ohr transportiert. Das funktioniert mithilfe von Wellen, den sogenannten Schallwellen, die über die Luft »fließen«. Und es soll Flugzeuge geben, die schneller sind als die Töne, die in unseren Ohren ankommen. Stimmt das tatsächlich? Die spannende Antwort lautet: Ja, es gibt Flugzeuge, die genau das können – sie legen über 300 Meter in einer einzigen Sekunde zurück. So schnell ist nämlich der Schall. Das wäre ungefähr so, als würden wir mit einem Auto über 1000 Stundenkilometer fahren! Um diese Geschwindigkeit zu erreichen, brauchen die Flugzeuge extrem starke Düsenantriebe, und über die verfügt nur das Militär. Früher gab es einmal ein Flugzeug, mit dem auch »normale« Menschen mit Überschallgeschwindigkeit reisen konnten, das war die »Concorde«. Mit ihr brauchte man zum Beispiel nur die Hälfte der Zeit für einen Flug nach Amerika. Sie ist inzwischen (seit 2003) aber ausgemustert und kehrte zurück an den Ort, an dem sie entstanden war – nach England. Ein weiteres ausgemustertes Exemplar kann man in Paris bewundern.

Wenn ein Flugzeug schneller ist als der Schall, ist es so, dass wir es erst sehen, bevor wir es hören können. Klar, denn es fliegt ja schneller, als die Töne unsere Ohren erreichen können. Das ist der Grund dafür, warum wir das Flugzeug erst hören, nachdem es über uns hinweggeflogen ist. Vielleicht hast du auch schon mal gehört, wie jemand gesagt hat: »Das Flugzeug hat die Schallmauer durchbrochen.« Welche Mauer? Man kann doch gar keine sehen! Das ist ein Begriff, der mit der Überschallgeschwindigkeit zu tun hat. Ein Flugzeug schiebt Luft vor sich her. In dieser Luft befinden sich kleine Teilchen, die Moleküle. Diese Moleküle werden vom Flugzeug zusammengeschoben.

Normalerweise kriegen wir das gar nicht mit, denn diese gepressten Moleküle bewegen sich einfach in Schallgeschwindigkeit mit dem Flugzeug mit. Man nennt das auch Druckwelle. Ist ein Flugzeug aber schneller als der Schall, überholt es diese Druckwelle. Es stößt also durch eine Art Mauer aus zusammengepressten winzigen Teilchen – und dadurch entsteht der laute Knall, der auch für uns auf dem Boden zu hören ist. Das passiert aber nur einmal, wenn das Flugzeug die Überschallgeschwindigkeit erreicht hat. Der Pilot im Flugzeug kann das übrigens nicht hören – er ist ja schneller als der Schall.

Wie funktioniert ein Touchscreen?

Früher gab es so etwas noch gar nicht – aber heute kennt ihn jedes Kind: den Touchscreen. Das Wort kommt aus dem Englischen und bedeutet so viel wie »Bildschirm zum Berühren«. Spätestens jetzt ist klar, um was es geht – nämlich all die Bildschirme und Monitore, mit denen wir Tag für Tag zu tun haben. Sei es auf dem Handy, einem Tablet oder dem Bankautomaten. Wir berühren diese Bildschirme mit den Fingern und können damit alles Mögliche machen. Und genau das ist der Trick bei der Sache: die Kombination von Finger und Monitor. Um auf der Glasfläche aber irgendetwas bewirken zu können, braucht man auch elektrischen Strom. In unseren Fingern fließt ein klein wenig Strom, denn im Körper gibt es unzählige elektrisch aufgeladene Teilchen. Diese Teilchen sind so klein, dass man sie nicht sehen kann. Elektrische Ladungen bestehen immer aus zwei verschiedenen Teilchen, die sich gegenseitig anziehen. Man bezeichnet sie deshalb auch als »positiv geladen« – und versieht sie mit einem Pluszeichen – oder »negativ geladen« und kennzeichnet sie mit einem Minus. Das hast du vielleicht schon mal auf einer Batterie gesehen, da gibt es auch immer einen Plus- und einen Minus-Ausgang. Die Teilchen müssen verschieden sein, weil sonst der Strom nicht fließen würde. Wenn sie nämlich die gleiche Ladung haben, also zum Beispiel beide plus, dann stoßen sie sich gegenseitig ab und nichts kann mehr fließen. Unser Finger ist bei einem Touchscreen praktisch wie ein kleiner elektrisch geladener Stab, der die elektrischen Teilchen, die durch den Monitor laufen, beeinflussen kann.

Das hat damit zu tun, wie so ein Touchscreen aufgebaut ist: Auf einer dünnen Glasplatte sind ganz feine Metallstreifen angebracht. Sie werden genau so verlegt, dass sie zum Schluss wie ein Gitter verlaufen. Dabei ist eine Hälfte der Metallstreifen auf der Platte festgemacht und die andere unter ihr. Über diese Platte kommt dann noch eine weitere Glasplatte, welche die dünnen Metallstreifen schützt. Die Streifen müssen aus Metall sein, weil das am besten den Strom leitet. Denn durch diese Metallstreifen werden auch elektrische Teilchen geschickt. Das macht ein Mikrochip, der über Leitungen mit den Metallstreifen verbunden ist. Er schickt die positiv geladenen Teilchen auf die oberen und die negativ geladenen auf die unteren Metallstreifen. Weil sich die verschieden geladenen Teilchen gegenseitig anziehen, bleiben die negativen Teilchen immer genau unter den positiven stehen, denn sie wollen ja eigentlich nach oben zu den anderen. Das geht aber nicht, weil sie in der unteren Leitung gefangen sind. Der Mikrochip kann genau zählen, wie viele von ihnen dort festgehalten werden.

Wenn dann aber der Finger die Glasplatte über den oberen Teilchen berührt, passiert Folgendes: Die negativen Teilchen, die sich im Finger befinden, wandern ganz nach vorn in die Spitze des Fingers. Dadurch werden die positiven Teilchen, die sich auf den oberen Metallstreifen des Touchscreens befinden, hoch zum Finger gezogen. Denn auch hier ziehen sich die unterschiedlichen Ladungen an wie Magnete. In dem Moment wird die Anziehung zu den negativen Teilchen, die sich ja auf der unteren Seite der Glasplatte befinden, wieder weniger, bis sie am Ende gar nicht mehr vorhanden ist. Das nutzen die negativen Teilchen sofort aus und rasen weiter. Es ist ungefähr so, als würde man eine Schranke öffnen und in dem Moment rollt der Verkehr wieder weiter. Genau das bemerkt auch der Mikrochip. Er weiß: Dort wo die Teilchen wieder »fahren«, muss sich gerade ein Finger befinden. Das heißt, auf diesen Punkt wird gedrückt. Je nachdem, was sich dort auf dem Touchscreen befindet – also zum Beispiel der Befehl »10 Euro auszahlen« –, reagiert der Chip. Er sendet das Signal weiter, sodass der Computer dann tatsächlich die 10 Euro hergibt. Das geht mit allen anderen Befehlen genauso und natürlich rasend schnell. Sobald wir unseren Finger auf eine Stelle legen, weiß der Computer Bescheid und führt das aus, was wir antippen.

Es gibt auch noch eine andere Art Touchscreen: Da wird die Oberfläche nicht mit dem Finger, sondern mit einem ganz bestimmten Stift bedient. Dieser Stift sendet Signale aus, die von winzigen Antennen im Monitor empfangen werden. Diese Art des Touchscreens wird aber eher selten benutzt, weil es mit dem Finger einfacher und schneller geht.

Was knistert da manchmal, wenn man sich an- oder auszieht?

Es klappt nicht immer, aber manchmal kannst du, wenn du ein Kleidungsstück über den Kopf ziehst, ein leises Knistern hören. Und meistens stehen dann auch noch die Haare ganz wirr vom Kopf ab. Eines kann man schon mal vorweg sagen: Es handelt sich dabei um Physik. Das Kleidungsstück reibt sich, wenn man es an- oder auszieht, an unseren Haaren, und dabei entsteht eine elektrische Ladung. Man nennt sie »statische Ladung«. Bei der Reibung werden die elektrischen Teilchen, die entstehen, nicht sofort abgeleitet, weil Haare und Stoff schlechte Leiter für elektrische Ladungen sind. Sie sammeln sich auf den Haaren und auf dem Stoff – und sobald genug Ladung da ist, gibt es einen kleinen Knall: das Knistern, mit dem sie sich über die Luft entlädt. Das funktioniert am besten mit Kleidungsstücken aus Wolle oder Polyester und wenn die Luft um uns herum sehr trocken ist, wie zum Beispiel im Winter. Man kann die Ladung auch erzeugen, wenn man sich die Haare mit einem Kamm aus Plastik kämmt, denn das Plastik leitet den Strom auch sehr schlecht ab. Damit kannst du lustige Versuche machen: Die Haare werden entweder wild vom Kopf abstehen oder am Kamm kleben bleiben. Das geht übrigens auch mit einem Luftballon. Wenn du Glück hast und sehr viel von der Ladung aufbauen kannst, experimentiere auch einmal im Dunkeln: Wenn die Ladung stark genug ist, siehst du klitzekleine Blitze, während es knistert.

Warum wird Wasser schneller heiß, wenn man einen Deckel auf den Topf legt?

Sehr oft braucht man zum Kochen Wasser. Das fängt bei Nudeln an und hört bei Reis und Kartoffeln auf. Nichts von alledem würde warm und essbar werden, wenn wir es nicht kochen könnten. Aber immer dann, wenn man am meisten Hunger hat, kommt es einem vor, als würde es ewig dauern, bis das Wasser endlich heiß ist. Denn vorher macht es keinen Sinn, das Wasser zu benutzen. Wenn man Nudeln ins kalte oder lauwarme Wasser gibt, werden sie zwar nass, das ist dann aber auch schon alles. Also muss das Wasser auf dem Herd zum Kochen gebracht werden, und das geht tatsächlich am schnellsten mit Deckel.

Wenn man Wasser erwärmt, steigt es nach oben und verdampft in der Luft. Das ist der Dampf, den man sehen kann, sobald das Wasser kocht. Der Deckel ist dafür da, das verdampfte Wasser einzufangen. Wenn er nicht auf dem Topf liegt, passiert es schnell, dass der Dampf immer weiter nach oben steigt, bis er an der Wand oder an der Dunstabzugshaube hängen bleibt. Dort kühlt er wieder ab und wird zu kleinen Wassertropfen. Das hast du bestimmt auch schon einmal zu Hause in eurer Küche gesehen. Es ist aber nicht nur der Dampf, der in dem Moment verloren geht, sondern auch die Hitze vom Kochen. Die Hitze ist nichts anderes als Energie. Das Wasser wird also von unten, von der Herdplatte, immer wieder aufgeheizt, und oben geht ein Teil Wärme dann verloren. Das heißt, es dauert länger, bis so viel Hitze und Energie im Wasser ist, dass es auch wirklich kocht. Wenn man einen Deckel benutzt, kann die Energie nicht entweichen. Sie wird wieder zurück in den Topf befördert, weil das heiße Wasser an den Deckel stößt und dann wieder als Tropfen zurück in den Topf fällt. Dabei wird zwar auch ein bisschen Energie verbraucht, aber viel weniger, als wenn es ganz aus dem Topf verschwindet.

Mit einem Deckel kocht das Wasser also wirklich viel schneller, und zusätzlich wird Energie gespart. Die Energie, die man hier braucht, ist der Strom, der den Herd erhitzt – und den muss man schließlich auch bezahlen.

Wie funktioniert ein Magnet?

Mit Magneten kann man tolle Sachen machen und denkt dabei meistens gar nicht darüber nach, wie sie funktionieren. Das Faszinierende ist, dass man die Kräfte eines Magneten gar nicht sehen kann, sondern nur das Ergebnis. Ein Foto zum Beispiel, das man mithilfe eines Magneten an den Kühlschrank geheftet hat, bleibt dort hängen – ganz ohne Klebstoff! Magnete haben, ähnlich wie Elektronen (siehe Seite 57), zwei verschiedene Pole. Sie heißen beim Magneten nur anders: Nord- und Südpol. Und genauso wie bei den Elektronen ziehen sich diese Pole gegenseitig an, wenn ein Nordpol auf einen Südpol trifft und andersherum. Treffen dagegen zwei gleiche Pole aufeinander, stoßen sie sich ab. Ein Magnet besteht immer aus diesen zwei unterschiedlichen Polen. Deshalb entsteht auch um ihn herum ein sogenanntes Magnetfeld – das ist die Kraft des Magneten. Diese Kraft wirkt allerdings nur, wenn sie in Verbindung mit Eisen oder Stahl kommt, ansonsten ist der Magnet unwirksam – es passiert nichts.

Um zu verstehen, wie ein Magnet funktioniert, muss man sich ansehen, wie er entsteht. Denn Magnete werden hergestellt, es gibt sie nicht in der Natur. Dazu braucht man verschiedene Mischungen aus Eisen, Nickel, Kobalt, Kupfer und noch einigen anderen Metallen. Aus diesen Mischungen werden kleine Kügelchen gepresst, die dann in einem Ofen getrocknet werden. Danach werden sie noch ein paarmal gepresst und wieder getrocknet, um zum Schluss mit Wasser vermischt zu werden. Der »Schlamm«, der dabei entsteht, wird auch wieder getrocknet und zu einem feinen Pulver gemahlen. Dieses Pulver wird dann noch einmal gepresst und getrocknet. Danach wird es zu runden Stücken geformt, in denen das Pulver der ganzen Metalle natürlich noch enthalten ist. Und jedes einzelne Korn dieser winzigen Metallstücke hat schon eine eigene kleine magnetische Ladung. Damit der Magnet aber insgesamt stark genug ist, um Dinge am Kühlschrank festzupinnen, müssen alle diese Teilchen mit vereinten Kräften arbeiten. Das geht aber nur, wenn sie sich in dieselbe Richtung drehen. Denn wenn alle kreuz und quer durcheinanderliegen, behindern sie sich gegenseitig und entziehen sich Kraft. Damit das klappt, wird mit einem großen Magneten über die runden Stücke »gefahren«. Seine magnetische Kraft zieht die ganzen kleinen Pulverteilchen in eine Richtung. Von diesem Moment an wirken alle Teilchen in die gleiche Richtung und werden damit gemeinsam stark. Danach wird der kleine Magnet noch mal in ein Gerät mit einem großen Magneten gesteckt, damit die Kraft noch stärker wird und nicht mehr nachlässt. Und fertig ist der Magnet, der unsere Postkarten oder Fotos ganz zuverlässig am Kühlschrank festhält.

Was heißt »unendlich«?

Unendlich ist ein Begriff, der immer wieder in der Physik oder in der Mathematik vorkommt. Da geht es zum Beispiel um die unendlichen Weiten des Universums. Jeder stellt sich darunter etwas vor, was man sich am Ende aber gar nicht wirklich vorstellen *kann*. Doch genau das ist der Punkt – wenn etwas so groß ist, dass man sich nicht vorstellen kann, wo es endet, spricht man von Unendlichkeit. Unendlich bedeutet, dass es nie aufhören wird, egal wie weit man geht. Das heißt aber nicht, dass es wirklich richtig ist – vielleicht gibt es sogar ein Ende. Nur ist es so weit weg, dass man es sich als Mensch einfach nicht mehr vorstellen kann. Das ist nicht nur was das Universum betrifft so. In der Mathematik gibt es zum Beispiel auch Zahlen, die so groß sind, dass wir es uns nicht mehr vorstellen können. Es geht also immer weiter, weil man ja auch immer weiter zählen könnte …

Wie halten Saugnäpfe an der Wand?

Saugnäpfe sind etwas Tolles: Man braucht nur eine saubere, glatte Oberfläche und ein wenig Kraft, und schon kann man alles Mögliche mit ihnen befestigen – zum Beispiel den Haken für dein Handtuch im Badezimmer. Das Beste daran ist, dass man dazu keine Löcher bohren, Nägel in die Wand schlagen oder etwas festkleben muss. Das Zauberwort heißt einfach: Luftdruck. Überall um uns herum hat die Luft einen bestimmten Druck, und das ist auch gut so. Denn ohne Luftdruck könnten wir gar nicht leben und würden zusammenfallen wie leere Luftballons. Wir spüren ihn nicht, außer wenn wir zum Beispiel im Flugzeug sitzen oder mit der Seilbahn einen Berg hinauffahren. Dann macht er sich als Druck auf den Ohren bemerkbar (siehe auch Seite 64). Das ist deshalb so, weil sich der Luftdruck mit der Höhe verändert – je höher wir kommen, desto geringer wird er. In manchen Gebieten auf der Erde ist der Luftdruck deshalb auch höher als in den tiefer liegenden.

Und genau dieser Luftdruck ist es, der den Saugnapf an der Wand festhält, auf die wir ihn drücken. Jeder Saugnapf besteht aus einem weichen Material, wie zum Beispiel Gummi, damit man ihn möglichst gut zusammendrücken kann. Er hat eine Wölbung und ist innen hohl. In dieser Wölbung befindet sich Luft – aber nur so lange, bis wir sie herausdrücken. Das passiert automatisch, wenn wir den Saugnapf festdrücken. In dem Moment pressen wir die Luft aus der Wölbung, und der Saugnapf bleibt kleben. Wenn die Luft aus dem Hohlraum herausgepresst ist, entsteht zwischen der Wand und dem Saugnapf ein sogenanntes Vakuum. Das ist ein Raum, in dem sich fast gar keine Luft mehr befindet. Klar – denn die haben wir ja rausgedrückt! In dem kleinen Stückchen Platz, dass jetzt zwischen dem Saugnapf und der Wand entstanden ist, gibt es also viel weniger Luftdruck als außen herum. Der Luftdruck von außen ist dann aber so stark, dass er den Saugnapf fest an die Fläche presst. Das ist deshalb so, weil von innen ja nichts mehr dagegendrücken kann. Der äußere Luftdruck hält den Saugnapf fest! Das funktioniert aber nur, solange die Wand sauber ist und der Saugnapf keine Risse oder Löcher hat. Denn sonst könnte wieder Luft von außen in das Vakuum gelangen und es zerstören. In dem Fall fällt der Saugnapf einfach wieder herunter.

GEMISCHTES

Warum heißt die Schnitzeljagd so?

Eine Schnitzeljagd ist immer ein großer Spaß, und du warst bestimmt auch schon einmal auf einem Geburtstag, an dem eine solche Jagd veranstaltet wurde. Wenn man sich das Wort aber genauer anschaut, stellt sich eine Frage: Was hat dieses lustige Spiel denn mit dem Schnitzel auf dem Teller zu tun? Die Antwort lautet: Gar nichts! Der Grund, warum man die Schnitzeljagd so nennt, ist nicht etwa ein Stück Fleisch. Das Wort Schnitzel bedeutet nämlich auch so etwas wie »kleine Stückchen«. Vielleicht hast du schon einmal den Begriff »Hackschnitzel« gehört? Das sind lauter klein gehackte Holzstücke, die man zum Heizen benutzen kann. Und genau darum geht es auch bei der Schnitzeljagd – um Stückchen beziehungsweise Schnipsel! Denn im Lauf einer Schnitzeljagd kommt es ja darauf an, dass man möglichst viele Schnipsel mit Hinweisen findet, um am Ende zum Schatz oder Ziel zu gelangen.

Es geht also um diese Schnipsel, die auch Schnitzel heißen, und nicht um ein saftiges Stück Fleisch.

Wie werden Luftballons gemacht?

Zu einer Feier gehören oft diese bunten, fröhlichen Ballons – Luftballons! Denn sie sind nicht nur sehr schön anzusehen, man kann mit ihnen auch prima spielen. Jedes Kind kennt sie – aber wer weiß eigentlich, wie sie gemacht werden? Einen Luftballon kann man aus der Milch eines Gummibaumes (siehe auch Seite 198) herstellen. In diese Milch kommen dann noch andere Stoffe, die sie weich und haltbar machen. Zusammen mit der gewünschten Farbe erhält man dann die sogenannte Rohgummi-Mischung. Das alles passiert natürlich in Fabriken, damit gleich sehr viel davon gemacht werden kann. In den Fabriken gibt es riesige Maschinen, an denen Formen hängen. Sie sehen aus wie umgekehrte und leere Luftballons. Als Erstes werden sie in ein Becken mit Salzwasser getaucht, damit später nichts an ihnen kleben bleibt, und danach in die Rohgummi-Mischung. Anschließend fahren die Formen durch Bürsten, die sich bewegen. Und das machen sie genau so, dass der obere Rand – also dort, wo die Form aussieht wie ein Stiel – ein Stückchen nach unten gebürstet wird. Das gibt dann den typischen Rand, den jeder Luftballon an der der Öffnung zum Hineinpusten hat. Und dieser Rand ist sehr wichtig. Du kannst das auch selbst ausprobieren: Schneide einmal bei einem Luftballon den Rand ab und versuche ihn dann aufzublasen. Du wirst sehen, das klappt nicht! Denn wenn der Rand nicht da ist, geht die ganze Luft, die man hineinpustet, an den Rändern des Ballons vorbei, und es kommt nichts im Inneren an.

Das Gummi auf den Formen kann aber trotzdem immer noch sehr schnell reißen. Das ändert sich erst, nachdem die Formen durch eine Art riesigen Fön befördert wurden. Durch die Hitze wird das Gummi zäher und reißfester. Jetzt werden die fertigen Ballons einfach von einer Maschine von den Formen heruntergepustet und dann verpackt.

Was ist eigentlich Ethik?

In der Schule gibt es je nach Bundesland die Fächer Religion (evangelische oder katholische) und Ethik. Die getauften Kinder gehen in den Religionsunterricht ihrer Glaubensrichtung, und die anderen besuchen den Ethikunterricht. Aber was ist Ethik eigentlich? Das Wort Ethik kommt von dem griechischen Begriff »ethos« und bedeutet so viel wie Gewohnheit. Ethik ist ein Bereich der Philosophie und beschäftigt sich mit dem richtigen Verhalten der Menschen. Das heißt, in der Ethik fragt man sich zum Beispiel: Wie geht man am besten mit den anderen Menschen um? Was darf man einem anderen antun und was nicht? Wie und ab wann soll man sich in die Angelegenheiten der Mitmenschen einmischen?

Wozu braucht man Steuern?

Steuern sorgen bei Erwachsenen oft für schlechte Laune. Was aber sind Steuern eigentlich? Eine lästige Krankheit, die man nicht loswird? Oder unerwünschte Gäste?

Steuern sind Gelder, mit denen ein Land unterstützt wird. Ohne Steuern hätten wir zum Beispiel keine Straßen, Krankenhäuser und Schulen. Es ist also Geld, das ein Land bekommt, um funktionieren zu können. Aber wer gibt dem Land all das Geld? Das sind die Bürger – das heißt, alle die arbeiten gehen, bezahlen auch Steuern. Das ist im Gesetz festgeschrieben. Wie viel Steuer bezahlt werden muss, entscheidet jedes Land für sich. Die Politiker eines Landes entscheiden dann, wofür das Steuergeld benötigt wird – was auch oft dazu führt, dass die Bürger nicht ganz damit einverstanden sind. Wie viel jeder bezahlen muss, ist auch ganz genau in Gesetzen festgeschrieben und richtet sich danach, wie viel er verdient. Wenn man als Angestellter zum Beispiel in einer Firma arbeitet, wird die Steuer am Ende des Monats automatisch vom Einkommen abgezogen. Das heißt, der Angestellte bekommt das, was nach dem Abzug der Steuern übrig geblieben ist. Andere, die Selbstständigen, die eine eigene Firma besitzen, müssen die Steuern am Ende des Jahres selbst von ihrem Einkommen abziehen und an das Finanzamt zahlen.

Man bezahlt aber auch Steuern, wenn man etwas kauft. Das fällt gar nicht weiter auf, weil sie schon im Preis enthalten sind.

Die Steuergelder werden dann an das Finanzamt geschickt. Das Finanzamt überprüft, ob auch alle ihre Steuern richtig und rechtzeitig bezahlt haben. Von diesem Moment an gehört das Geld dem Staat und nicht mehr den Menschen, die es einbezahlt haben.

Das ist dann auch der Grund dafür, warum sich viele über die Steuern aufregen: Sie müssen sie hergeben, ob sie wollen oder nicht. Trotzdem darf man auch nicht vergessen, dass die Steuern sehr wichtig für ein Land sind. Wenn sie nicht wären oder nicht ausreichen, kann das Land in große Schwierigkeiten geraten. So groß, dass sich manche Länder sogar die Hilfe von anderen Ländern holen müssen, um über die Runden zu kommen. Außerdem sind die Steuergelder so wichtig, weil sie für die Unterstützung ärmerer oder alter Menschen im Land verwendet werden.

Wie wird man Astronaut?

Für viele ist der Weltraum mit seinen unendlichen Weiten das Spannendste, was man sich überhaupt vorstellen kann. Der Traum davon, mit einer Rakete ins All geschossen zu werden, ist wohl auch das größte Abenteuer, zu dem der Mensch bis heute fähig ist. Doch es gibt immer nur ganz wenige, die sich diesen Traum auch wirklich erfüllen können. Aber wie geht das? Wie wird man eigentlich Astronaut? Dazu braucht man:

- eine große Portion Neugierde
- gute Englischkenntnisse
- ziemlich gute Noten in Mathe und Physik
- ein passendes Studium, das man abgeschlossen hat, am besten Luft- und Raumfahrttechnik
- das richtige Alter, nämlich zwischen 27 und 37 Jahren

Außerdem muss man erst einmal den Gesundheitscheck bestehen. Denn erst danach kann es in das spezielle Trainingsprogramm für Astronauten gehen. Und das ist nicht ohne! Denn hier werden die zukünftigen Raumfahrer auf alles vorbereitet, was für ein Überleben im luftleeren Raum nötig ist. Allein der Start mit einer Rakete ist für den Körper eines normalen Menschen so anstrengend, dass man ihn ohne Training nicht überleben oder zumindest ziemlich erschöpft im All ankommen würde. Erst wenn man alle Voraussetzungen erfüllt, kann man sich als Astronaut bewerben.

Wie ist der Name Deutschland entstanden?

Bis zum 8. Jahrhundert sprach ein großer Volksstamm, der hierzulande lebte, die fränkische Sprache. Das waren die Franken. Als diese dann aber in das Gebiet des heutigen Frankreich gingen, veränderte sich auch ihre Sprache: Manche sprachen jetzt Lateinisch, andere das sogenannte »Bauernlatein«, das dann später zum Französischen wurde, und wieder andere blieben beim Fränkischen. Um das Fränkische aber klar gegen die anderen Sprachen abgrenzen zu können, nannte man es schließlich »theodiscus«. Das setzte sich aus dem germanischen Wort »theoda« (das Volk) und der lateinischen Endung »iscus« zusammen. Im Lauf der Zeit wurde daraus irgendwann »duitsch« beziehungsweise »teutsch«.

Im Jahr 843 wurde dann ein Vertrag geschlossen, der das Reich der Franken in zwei Teile teilte: den west- und den ostfränkischen Teil. Als Grenze nahm man dafür einfach die Sprachen. In dem einen Teil sprach man das Bauernlatein, in dem anderen theodiscus. Aus diesen beiden Teilen entstanden dann später Frankreich und Deutschland.

Warum ist Berlin die Hauptstadt von Deutschland?

Jedes Land hat eine Hauptstadt, von der aus regiert wird. Früher waren es die Könige, die von der Hauptstadt aus über ihre Untertanen herrschten – heute sind es die Politiker, die von dort aus den Staat leiten. Auf diese Weise sind alle, die sich um das Land kümmern, nahe beisammen und können sich einfach treffen, um wichtige Dinge zu besprechen. Die Hauptstadt ist meistens auch die größte Stadt eines Landes, deshalb war das in Deutschland schon seit dem Königreich Preußen (also seit 1701) Berlin. Nach dem Zweiten Weltkrieg wurde Deutschland aber in zwei Teile geteilt: Ost- und Westdeutschland. Von diesem Zeitpunkt an (1949) war Berlin nun die Hauptstadt von Ostdeutschland. In Westdeutschland machte man Bonn zum Sitz der Regierung. Als die beiden Teile Deutschlands dann 1990 wiedervereinigt wurden (siehe auch Seite 146), machte man Berlin erneut zur Hauptstadt des ganzen Landes. 1999 war es dann so weit: Die gesamte Regierung war wieder in Berlin – und das ist bis heute so.

Was ist ein Peace-Zeichen und was bedeutet es?

Irgendwann begegnet jedem einmal das berühmte Peace-Zeichen – der Kreis mit drei Strichen darin. Es dauert dann auch meistens nicht lange, bis man herausgefunden hat, was es bedeutet: Frieden. Aber wie es entstanden ist, weiß fast niemand. Dabei steckt hinter der Erfindung des Zeichens eine wirklich schöne Idee! Es war im Jahr 1958, als in England besorgte Bürger einen Marsch gegen die Verwendung von Atomwaffen planten. Außerdem suchten sie nach einem Zeichen für ihren Widerstand und beauftragten den britischen Künstler Gerald Holtom damit, eines zu entwerfen. Das war aber gar nicht so einfach – wie sollte ein Zeichen aussehen, das den Protest gegen Atomwaffen ausdrückt? Am Ende entschied sich Holtom dafür, die Buchstaben N und D als Abkürzung für »Nuclear Disarmament« zu verwenden. Das bedeutet übersetzt »Abschaffung der Atomwaffen«. Dafür benutzte er das Alphabet der Schiffslotsen und Matrosen, die sich früher mithilfe von Flaggen Nachrichten schicken konnten. Dazu wurde den verschiedenen Haltungen der Flaggen immer ein Buchstabe zugeordnet. In diesem sogenannten Winkeralphabet besteht das N aus zwei nach unten gehaltenen Fahnen. Das D zeigte man, indem man die rechte Fahne nach unten und die linke senkrecht nach oben hielt. Wenn man die beiden Haltungen übereinanderlegt, hat man den senkrechten Strich in der Mitte und die beiden nach rechts und links weisenden Striche unten. Zu guter Letzt zeichnete er noch einen Kreis darum, der die Welt darstellen sollte – und fertig war das Peace-Zeichen!

Als Holtom später dazu befragt wurde, sagte er, dass es aber nicht nur die beiden übereinandergelegten Buchstaben zeigen sollte. Das Peace-Zeichen war auch ein Ausdruck seiner Verzweiflung über den Gebrauch von Atomwaffen. Deshalb sehen die Striche auch aus wie ein Mensch, der verzweifelt die Arme hängen lässt.

Bei dem Marsch gegen Atomwaffen gab es dann schließlich 500 Schilder mit dem Peace-Zeichen. Später wurde es auch für den Protest gegen den Vietnamkrieg verwendet und damit zum weltweit bekannten Zeichen für den Kampf um Frieden.

Wer hat den Fußball erfunden?

Den Spaß am Kicken haben die Menschen schon vor einigen Tausend Jahren entdeckt. Bereits im zweiten Jahrtausend vor Christus spielte man in China mit einem aus Federn und Haaren ausgestopften Ball. Die Regeln von damals kennt man heute nicht mehr, sicher ist nur, dass versucht wurde, Verletzungen beim Spielen zu vermeiden. In anderen Kulturen sah man das anders – da wurden die Spieler, die zu der Mannschaft gehörten, die verloren hatte, kurzerhand geopfert. Das bedeutet, sie wurden den Göttern zu Ehren getötet. Dieser Brauch hat sich zum Glück nicht gehalten. Es war auch nicht immer schon so, dass zwei Mannschaften gegeneinander antreten und den Ball in ein Tor befördern müssen. Im Grunde wurde alles, was rund war, mit den Füßen – und auch manchmal mit den Händen – zum Beispiel in Löcher von Steinen oder in den Raum zwischen zwei Holzstangen geschossen. Doch eines hatten alle – von der Mayakultur bis heute – gemeinsam: den Spaß am Kicken. Das Tolle beim Fußball war schon immer, dass man außer einem Ball, ein paar Mitspielern und zwei Toren nichts weiter braucht. Man kann es auf einem Feld oder einer Straße genauso gut spielen wie auf einem der perfekt gemähten Stadionplätze. Außerdem sind die Regeln schnell und einfach zu verstehen, sodass jeder, der sich dafür interessiert, ziemlich schnell loslegen kann.

Der Fußballsport, so wie wir ihn heute kennen, entstand in den 1860er-Jahren in Großbritannien. Es dauerte dann aber gar nicht lange, bis er sich auch auf den Rest der Welt ausbreitete. Inzwischen ist Fußball die weltweit beliebteste Sportart!

Wie kommt die Computermaus zu ihrem Namen?

Früher war das mit den Computern noch eine ganz andere Sache: Wer einen hatte, war sozusagen auch gleich Fachmann. Alle diejenigen, die einen besaßen, konnten ihn sogar programmieren und kannten sich deshalb ganz besonders gut damit aus. Die anderen wussten nicht viel damit anzufangen. Damals gab es auch noch keine Computermaus, denn zum Programmieren war das nicht nötig. Erst 1968 erfand der Amerikaner Douglas C. Engelbart die allererste Maus. Die sah allerdings der Maus, wie wir sie heute kennen, noch gar nicht ähnlich. Sie war einfach nur ein relativ schwerer kleiner Holzklotz mit allerlei Elektronik darin. Aber diese Maus war noch nicht sonderlich verbreitet. Erst als die Firma Apple 1984 ihre Computer mit Maus verkauften, lernten die meisten Menschen das kleine »Tierchen« kennen und schätzen. Denn von nun an musste nicht mehr jeder, der einen Computer hatte, auch gleich ein Fachmann fürs Programmieren sein. Mit der Maus konnte jeder viel einfacher mit Computern umgehen.

Warum die Hersteller der Computer das kleine Gerät, das den Menschen die Arbeit so erleichterte, dann «Maus« genannt haben, ist nicht sicher geklärt. Die einen behaupten, weil sich der Cursor so flink auf dem Bildschirm bewegt wie eine Maus. Andere sagen, es hat doch etwas mit dem Aussehen der Maus zu tun: klein, rundlich und mit einem Schwanz.

Warum spucken Fußballer immer auf den Boden?

Wer sich öfter mal ein Fußballspiel ansieht, kommt um diesen unappetitlichen Anblick früher oder später nicht herum: Die Sportler spucken auf den Boden. Warum machen sie das? Vielleicht, weil sie die Mitglieder der gegnerischen Mannschaft beleidigen wollen? In diesem Fall lautet die Antwort: Nein! Aber trotzdem fragt sich der ein oder andere, was das mit diesem Spucken eigentlich soll.

Man geht davon aus, dass es zwei Gründe dafür gibt: Durch das viele Laufen brauchen die Fußballer mehr Luft, als sie durch die Nase bekommen können. Deshalb atmen sie mehr durch den Mund. Das bewirkt aber, dass die Spucke im Mund mit der Zeit immer trockener und dadurch auch zähflüssiger wird. Irgendwann entledigt sich der Spieler dann der zähen Angelegenheit und spuckt aus. Zudem hat es etwas mit der Anspannung zu tun: Man hat beobachtet, dass die Spieler immer dann am meisten ausspucken, wenn die Situation brenzlig wird oder ein Fehler gemacht wurde.

Wie kommt das Eis auf die Schlittschuhbahn und warum schmilzt es nicht?

Winterzeit ist auch Schlittschuhzeit! Aber weil es bei uns im Winter selten so kalt ist, dass die Seen zufrieren, und weil es auch Gegenden ganz ohne See gibt, behilft man sich mit Eislaufhallen. Hier gibt es immer Eis, selbst wenn es draußen wärmer ist. Generell ist es zwar auch für die Eislaufhallen besser, wenn es draußen kalt ist, aber im Notfall geht es auch ohne Minusgrade.

Zuerst sollte man wissen, wie das Eis auf der Eislaufbahn überhaupt entsteht – und das funktioniert so: Unter dem Betonboden der Halle befinden sich kilometerlange Rohre, die mit einem bestimmten Stoff, dem Ammoniak, gefüllt sind. Zuerst wird das Ammoniak bis auf ungefähr minus zehn Grad Celsius abgekühlt und dann Wasser auf den eiskalten Boden gespritzt. Das dauert einige Tage! Das Wasser gefriert auf dem kalten Boden und muss dann nur noch mit einer Eisaufbereitungsmaschine gleichmäßig verteilt werden. Fertig ist der Winterzauber! Von jetzt an muss das Eis immer schön kalt bleiben – ansonsten würde es ja schmelzen. Das funktioniert auch wieder mithilfe der Rohre im Boden. Das Ammoniak wird in einem Technikraum immer wieder auf die gewünschten minus zehn Grad heruntergekühlt und dann durch die Rohre geschickt. Das Ganze ist natürlich ganz schön aufwendig. Deshalb ist es besser, wenn es draußen nicht zu warm wird. Und das ist auch der Grund dafür, warum viele Eishallen nur im Winter geöffnet haben. Im Sommer muss man sozusagen gegen die Hitze »ankühlen«, und das ist auf Dauer sehr teuer.

Das Eis bleibt übrigens deshalb so schön glatt, weil die Eisaufbereitungsmaschine immer wieder darüberfährt. Vorn hat sie harte Besen, die das Eis aufrauen, während hinten ein dünner Strahl Wasser auf die Eisfläche läuft und innerhalb von Sekunden wieder festfriert.

Warum haben Piraten immer Augenklappen?

Eine schon immer sehr beliebte Karnevalsverkleidung ist und bleibt das gute alte Piratenkostüm. Das Einzige, was daran wirklich nervt, ist die Augenklappe, die drücken kann und logischerweise die Sicht einschränkt. War das damals cool oder warum hatte fast jeder Pirat eine Augenklappe?

Die Augenklappe hatte zu Zeiten der Freibeuter der Meere gleich mehrere Gründe beziehungsweise Vorteile:

1. Sie diente dem Schutz nach Verletzungen, denn viele der Piraten verloren beim Kampf mit Messern und Dolchen ein Auge.

2. Andere waren zu oft und zu lange dem gleißenden Licht der Sonne auf dem Meer ausgesetzt, was sie nicht selten mit ihrem Augenlicht bezahlen mussten. Auch hier wurde die Klappe dann über den erblindeten Augen zum Schutz getragen.

3. Doch die Augenklappe hatte auch einen Vorteil für diejenigen, die gesunde Augen hatten. Wenn sie ein Schiff enterten, rannten sie im Kampf sowohl auf als auch unter Deck herum. Der schnelle Wechsel vom hellen Sonnenlicht ins dunkle Innere des Schiffes machte sie für einige Sekunden beinahe blind, bis sich die Augen umgewöhnt hatten. (Das kannst du selbst einmal ausprobieren, indem du schnell aus der direkten Sonne in einen dunkleren Raum gehst …) Damit das nicht so lange dauerte – innerhalb einiger Sekunden konnte man schließlich erstochen werden –, wechselten sie die Klappe von einem auf das andere Auge. Denn das Auge, das unter der Klappe war, hatte sich ja schon an die Dunkelheit gewöhnt und musste sich deshalb nicht mehr umstellen!

Die Augenklappe hatte also für die Piraten gleich mehrere Vorteile, weshalb sie so oft getragen wurde.

Warum bringt ausgerechnet ein Hase die Ostereier?

Zugegeben – es ist schon merkwürdig, warum gerade ein Hase an Ostern die Eier bringen soll. Trotzdem gibt es gleich mehrere Erklärungen dafür:

1. Der Hase ist seit jeher ein Zeichen für Fruchtbarkeit. Das heißt: Hasen bekommen immer viele Junge. Mit den Häschen kommt auch gleichzeitig neues Leben auf die Welt. Deshalb ist ein Hase, genauso wie ein Ei, ein Zeichen für Fruchtbarkeit und Leben.

2. Es heißt, der Hase ist ein Mondtier. Das bedeutet, dass er sein Leben an die verschiedenen Mondphasen anpasst. Weil Ostern immer am ersten Sonntag des Vollmondes im Frühling gefeiert wird, gibt es auch dadurch eine Verbindung zum Hasen.

3. Wenn die Kinder früher draußen die Ostereier suchten, kam es oft vor, dass dabei ein Feldhase aufgeschreckt wurde. Der Hase war also das Tier, das einem beim Suchen oft über den Weg lief. Irgendwann entstand daraus die Geschichte, dass die Eier von den Hasen kommen.

In Deutschland gibt es den Osterhasen noch nicht so lange wie zum Beispiel in der Schweiz. Er kam erst im 17. Jahrhundert zu uns.

Woher wissen die im Fernsehen, wie das Wetter wird?

Auch die Leute im Fernsehen wissen nicht immer ganz genau, wie das Wetter wird. Aber trotzdem sind sie meistens sehr nah dran. Das liegt daran, dass die Moderatoren – also die Sprecher – bei anderen nachfragen, die sich damit ziemlich gut auskennen. Warum? Weil sie es beruflich machen. Das sind die sogenannten Meteorologen: Sie beobachten das Wetter Tag und Nacht in speziellen Wetterstationen. Da misst man zum Beispiel den Wind – wie stark er ist und aus welcher Richtung er weht – oder beobachtet die Wolken. Aus diesen ganzen Informationen können die Meteorologen dann mithilfe von Wetterprogrammen im Computer eine beinahe perfekte Aussage darüber machen, wie das Wetter in den nächsten Tagen wird. Das geben sie dann an die Sprecher im Fernsehen weiter und die erzählen es uns.

Warum stinkt Käse manchmal so fürchterlich?

Es kommt darauf an, mit welchem Käse man es zu tun hat. Da gibt es Sorten, die beinahe gar nicht riechen, und andere, bei denen man überlegt, ob man am besten ganz schnell davonrennt. Zugegeben, es gibt Sorten, die können nur von überzeugten Käseliebhabern verspeist werden. Woher kommt dieser Geruch? Käse wird aus Milch gemacht, und damit er den typischen Geschmack bekommt, werden dazu noch Bakterien beigemischt. Der Käse braucht dann eine Zeit, bis er fertig ist – das nennt man »Reifung«. Während dieser Zeit vermehren sich die Bakterien und sondern Gase ab. Warum? Weil sie leben! Sie essen und pupsen (siehe auch Seite 47) – und dabei entstehen Gase. Genau diese Gase sind verantwortlich für den strengen Geruch. Es gibt so manch einen Käsekenner, der einen Käse erst dann besonders toll findet, wenn er am meisten riecht.

Wozu gibt es Tag und Nacht und wie entstehen sie?

Die Sonne geht auf, es wird Tag und wir werden wach. Umgekehrt passiert das Ganze dann, wenn es Nacht wird. Der Witz daran ist aber, dass die Sonne gar nicht aufgeht, weiterwandert und dann wieder untergeht. Denn die Sonne bewegt sich gar nicht um die Erde! Es ist die Erde, die sich ständig um sich selbst dreht. Dabei wendet sie mal die eine, mal die andere Seite der Sonne zu. Das heißt, auf der Seite, die zur Sonne zeigt, ist dann jeweils Tag und auf der anderen Nacht. Weil sich die Erde immer weiterdreht, werden wir regelmäßig einmal von der Sonne beleuchtet und dann wieder nicht. Deshalb ist es auch auf der anderen Seite der Erdkugel, wenn bei uns zum Beispiel Tag ist, immer Nacht und umgekehrt.

Der Wechsel von Tag und Nacht ist für alles unentbehrlich, was auf der Erde lebt. Denn wenn es nie eine Nacht gäbe, könnte sich nichts und niemand richtig erholen, und es würde wahrscheinlich nicht lange dauern, bis alles vor Erschöpfung zugrunde geht. Außerdem würde das Leben auf der Erde ein anderes sein, wenn es durchgehend dem Licht der Sonne ausgesetzt und immer Tag wäre. Andersherum ist es genauso: Wenn es immer nur dunkel und kalt wäre, könnte nichts wachsen und gedeihen, denn dazu sind Licht und Wärme der Sonne notwendig.

Wer sind die Eisheiligen?

Das hört sich schon fast ein bisschen unheimlich an: Eisheilige. Wer oder was steckt dahinter? In der Zeit zwischen dem 11. und dem 15. Mai gedenkt man im christlichen Glauben einigen Bischöfen, Märtyrern und Heiligen, damit man sich an sie und an ihre Taten erinnert. Ihre Namen sind: Mamertus,

Pankratius, Servatius, Bonifatius und Sophie. Ausgerechnet zu dieser Zeit, in der eigentlich schon alles grünt und blüht, kann es passieren, dass es nachts noch einmal richtig kalt wird. So kalt, dass der Boden gefriert und das an manchen Pflanzen sehr großen Schaden anrichten kann. Deshalb bezeichnet man diese Gedenktage als Eisheilige.

Warum fährt man in manchen Ländern auf der linken Straßenseite Auto?

Was für uns so merkwürdig aussieht, ist in mehr als 50 Ländern auf der Welt ganz normal, zum Beispiel in England oder Australien: Man fährt auf der linken Seite der Straße. Eigentlich ist der Linksverkehr viel älter als der Rechtsverkehr. Denn in den Zeiten, als man noch das Pferd als einziges Fortbewegungsmittel hatte, war eines ganz klar: Man fährt links. Das hatte mehrere Gründe.

Als die Reiter damals unterwegs waren, hatten sie meistens eine Waffe dabei, um sich verteidigen zu können. Zu dieser Zeit war das Schwert die Waffe der Wahl. Und auch damals gab es, wie heute auch, mehr Rechts- als Linkshänder. Das heißt, die meisten trugen ihr Schwert auf der linken Seite des Körpers, um es besser mit der rechten Hand ziehen zu können. Wenn das Schwert also auf der linken Seite hing, war es einfacher, das Pferd auch von links zu besteigen. Hätte der Reiter das Pferd nämlich von rechts bestiegen, wäre die lange Klinge immer im Weg gewesen. Wenn man also immer von links aufsteigt, ist es sicherer, das Pferd an den linken Straßenrand zu stellen, denn rechts hätte man es mit dem »Gegenverkehr« zu tun bekommen.

Den Kutschern ging es ähnlich. Auch sie hielten ihre Ausrüstung – die Peitsche – in der rechten Hand. Damit sie die

Menschen, die hinter ihnen in der Kutsche saßen, nicht beim Ausholen mit der Peitsche trafen, setzen sie sich immer auf die rechte Seite des Kutschbocks. Also fuhren auch sie auf der linken Seite, denn wenn man dabei rechts sitzt, hat man einen besseren Überblick über den Verkehr.

Erst gegen Ende des 18. Jahrhunderts stellte Frankreich den Verkehr auf rechts um, was sich dann im Lauf der Zeit in ganz Europa durchgesetzt hat.

Und immer daran denken, wenn du in einem Land bist, in dem Linksverkehr herrscht: Erst nach rechts (!) und dann nach links schauen, wenn du über eine Straße gehst.

Fürchten sich Vampire wirklich vor Knoblauch?

Das Wichtigste zuerst: Es gibt keine Vampire! Was aber stimmt: Vampire haben in den Gruselgeschichten immer Angst vor Knoblauch. Doch warum sollten diese unheimlichen Wesen gerade Angst vor einer stark duftenden Knolle haben? Die Erklärung liegt im Mittelalter, in der Zeit, in der auch die Geschichten um die untoten Blutsauger angesagt waren. Zum einen hatte man damals generell mehr Angst als heute. Das lag daran, dass die Menschen noch nicht so viel erforscht und entdeckt hatten wie heute. Und Dinge, die anders sind und die man nicht versteht, machen Angst. Deshalb fürchteten sie sich damals auch vor Krankheiten, die damals noch nicht so erforscht waren wie heute. Wenn jemand zum Beispiel mit der Tollwut infiziert wurde, machte sein Anblick den anderen Angst. Denn sie wussten nicht, dass es sich um eine Krankheit handelt, für die derjenige überhaupt nichts konnte. Es gab noch keine Heilmittel gegen solche Krankheiten, darum mussten die Menschen den Kranken bei ihrem teilweise unheimlichen und merkwürdigen Verhalten zusehen. Es blieb ihnen damals also oft gar nichts anderes übrig, als für all das Monster, Hexen oder eben Vampire verantwortlich zu machen.

Aber auch im Mittelalter wusste man schon von der heilsamen Wirkung des Knoblauchs, sodass er gegen alle möglichen Krankheiten eingesetzt wurde. Außerdem gab es Krankheiten, bei denen die Betroffenen auf den Geruch der Knolle hin sofort das Weite suchten, weil sie den Geruch in ihrem Zustand einfach nicht ertragen konnten. Also ging man davon aus, dass man sich die bösen Kreaturen, wie Vampire, mithilfe des Knoblauchs vom Hals halten konnte.

Warum haben am 3. Oktober in Deutschland alle frei?

Der Tag der Deutschen Einheit – was heißt denn das? War Deutschland denn mal getrennt? Ja, es gab eine Zeit, und die ist noch gar nicht so lange her, da war Deutschland in zwei Hälften geteilt. Das dauerte ganze 40 Jahre lang. Es gab Ost- und Westdeutschland, mit einer richtigen Grenze dazwischen, und es war auch gar nicht so einfach, hin und her zu reisen. Manchmal war es sogar schwieriger, als in ein richtig weit entferntes Land zu gelangen! Das hört sich sehr merkwürdig an – warum hat man das überhaupt gemacht?

Schuld an dem Ganzen war der Zweite Weltkrieg. Der tobte von 1939 bis 1945. Am Ende des Krieges, den Deutschland verloren hatte, konnten sich die Gewinner nicht auf eine gemeinsame Politik in Deutschland einigen. Man gründete dort einen neuen Staat, die DDR. Doch nach 40 Jahren haben sich die Menschen in der DDR nicht mehr wohlgefühlt, denn sie mussten auf vieles verzichten, was man in anderen Ländern – auch Westdeutschland – ganz einfach kaufen konnte, zum Beispiel bestimmte Lebensmittel. Auch die Meinungsfreiheit war in der DDR sehr eingeschränkt: Wenn man zum Beispiel sagte, dass man mit dem Ganzen nicht einverstanden war, wurde man kurzerhand ins Gefängnis gesteckt. Reisen war kaum möglich – zumindest nach Westeuropa. Die Menschen in der DDR durften nur nach Russland, Polen, Ungarn und andere Länder im Osten fahren. Damit sie nicht nach Westdeutschland fliehen konnten, wurde mitten durch Berlin eine riesige Mauer gebaut, denn hier lag die Grenze. Diese Mauer wurde Tag und Nacht durch bewaffnete Soldaten bewacht, die sogar auf einige Menschen geschossen haben, als sie versuchten zu fliehen. Das war den Bürgern der DDR dann zu viel, und sie weigerten sich, das alles weiter über sich ergehen zu lassen. Sie gingen auf die Straßen und schrien: »Die Mauer muss weg!« Eines Tages hatten sie es dann tatsächlich geschafft: Am 9. November 1989 fiel die Mauer in Berlin – und damit war die Grenze wieder für alle offen. Die DDR gab es nicht mehr!

Ein Jahr später, am 3. Oktober 1990, wurde Deutschland dann wiedervereinigt. Seitdem sind beide Teile wieder ein Land, und das feiern wir jedes Jahr am Tag der Deutschen Einheit.

Gelatine – was ist das denn?

Gelatine findet man nicht nur in Gummibärchen, sie versteckt sich zum Beispiel auch im Wackelpudding und in vielen Kosmetikprodukten. Das sind Dinge wie Shampoo, Creme oder Duschgel. Man kann sie auch pur kaufen, in durchsichtigen, hauchdünnen Scheiben. Gibt man sie dann ins Wasser, löst sie sich auf und alles wird ganz glibberig. Gelatine ist also ein beliebter Helfer bei der Herstellung von verschiedenen Dingen. Inzwischen gibt es aber immer mehr Menschen, die lieber etwas kaufen, das ohne Gelatine gemacht wurde. Warum? Weil für die Herstellung von Gelatine hauptsächlich Haut und Knochen von Kühen und Schweinen benutzt werden. Wenn man beides kocht, entsteht eine Art Kleber – die Gelatine. Und da immer weniger Produkte aus Gelatine gekauft werden, haben sich die Fabriken etwas Neues ausgedacht: Sie stellen die Glibbermasse jetzt häufig aus Pflanzen her. Enthält das Produkt keine Gelatine, steht das auf der Verpackung, sodass jeder gleich sehen kann, was drinsteckt.

Was sind Sprichwörter?

Man nennt sie »Redensarten«, diese Sätze, aus denen du manchmal einfach nicht schlau wirst. Wer kauft denn zum Beispiel wo und warum eine Katze in einem Sack? Und warum ist man plötzlich ein toller Hecht, nur weil man etwas gut gemacht hat? Diese merkwürdigen Ausdrücke kommen fast immer aus früheren Zeiten und haben sich bis heute gehalten. »Die Katze im Sack kaufen« bedeutet so viel wie: Man bekommt etwas, von dem man aber eigentlich nicht genau weiß, ob es auch das ist, was man erwartet. Diese Redewendung geht auf ein sehr bekanntes Buch aus dem Jahr 1510 zurück, das von Till Eulenspiegel handelte. Jeder hatte es damals gelesen. Aber auch heute noch sind die Geschichten von dem Narren, der immer zu Streichen aufgelegt war, bekannt. Und ebendieser Till Eulenspiegel machte sich eines Tages einen Spaß daraus, eine Katze in ein Hasenkostüm zu stecken. Weil er dafür ein echtes Hasenfell benutzte, sah die Katze einem Hasen so ähnlich, dass der Bauer, der sie kaufte, wirklich meinte, einen Hasen bekommen zu haben. Erst als er das Tier aus dem Sack zog, in dem es steckte, stellte er fest, dass er keinen Hasen, sondern eine Katze gekauft hatte.

Und woher kommt der »tolle Hecht«? So nennt man jemanden, der etwas Schwieriges geschafft hat. Auch hier liegt die Erklärung um einige Hundert Jahre in der Vergangenheit – nämlich im 18. Jahrhundert. Damals nannte man jemanden, der andere betrogen und ausgenommen hatte, einen »Hecht«. Das hatte damit zu tun, dass der Hecht ein gefährlicher Raubfisch ist, der gern andere Fische verspeist. Warum mit der Zeit aus dem bösen Hecht irgendwann ein toller Hecht geworden ist, weiß man allerdings nicht.

Warum ist der Südpol noch kälter als der Nordpol?

Die beiden Pole unserer Erde sind auf alle Fälle beide eiskalt. Aber trotzdem ist einer noch ein bisschen kälter als der andere: der Südpol. Während am Nordpol lauschige minus 15 bis minus 20 Grad Celsius herrschen, legt der Südpol noch mal eine Schippe Eis drauf. Hier ist es nämlich normalerweise gleich ganze 20 Grad kälter. Aber warum? Wie schafft er es, gleich so viel kälter als der Nordpol zu sein? Das hat etwas mit seiner Lage zu tun. Der Nordpol liegt sozusagen im Meer – nämlich im Arktischen Ozean – und der Südpol viel höher. Um genau zu sein, ganze 3000 Meter höher. Doch es ist nicht nur die Höhe, durch welche die Temperaturen immer niedriger werden. Es hat auch damit zu tun, dass der Südpol auf einem riesigen Eispanzer liegt, der gleich mehrere Kilometer dick ist. Dieser Eispanzer ist natürlich viel kälter als das Wasser vom Arktischen Meer rund um den Nordpol. Er funktioniert wie ein Kühlschrank, der Tag und Nacht weiterkühlt. Die niedrigsten Temperaturen, die jemals am Südpol gemessen wurden, lagen sage und schreibe bei fast minus 90 Grad! Wenn man das mit unseren Tiefkühltruhen zu Hause vergleicht, könnte man in ihnen schon fast eine Sommerparty veranstalten.

Und warum herrscht an den beiden Polen diese Kälte? Es liegt daran, dass die Erde von der Sonne aufgewärmt wird. Im Winter kommen weniger Strahlen an als im Sommer. Das ist so, weil sich die Erde im Lauf eines Jahres einmal um die Sonne dreht. Dabei treffen die Strahlen unterschiedlich auf: Wenn sie mehr zur Sonne hingedreht ist, haben wir Sommer. Ihre Strahlen können dann ganz steil auftreffen; dadurch haben sie viel Kraft und heizen uns ganz schön ein. Im Winter ist es andersherum, da hat die Erde eine andere Stellung zur Sonne, sodass ihre Strahlen nur noch ganz flach ankommen. Das heißt, dass sie auch nicht so kräftig und warm sind. Es wird dunkler und kälter. Die beiden Pole liegen genau so, dass die Strahlen und damit die Wärme der Sonne nie richtig ankommen können, um wirklich Wärme zu liefern.

Dürfen die Piloten auf einem langen Flug schlafen?

Wenn der Pilot während eines langen Fluges einschläft, ist das grundsätzlich kein Problem. Denn da ist zum einen immer ein zweiter Pilot im Cockpit, der sogenannte Co-Pilot. Er kann in der Zeit im wahrsten Sinne des Wortes das Steuer übernehmen. Aber auch wenn der zweite Pilot einschlafen oder das Cockpit verlassen sollte, ist das immer noch kein Grund zur Panik. In jedem modernen Flugzeug gibt es auch noch einen Autopiloten. Das ist ein Computer, der das Flugzeug fast ganz genauso wie ein echter Pilot fliegen kann. Bei den meisten Langstreckenflügen kommen auch einfach gleich mehr Piloten mit an Bord. Sie können sich dann stundenweise abwechseln, während sich die anderen ausruhen.

Warum tragen Piloten keinen Bart?

Eigentlich sind nur richtig buschige Bärte verboten. Wenn im Notfall die Sauerstoffmasken aus der Decke fallen, ist es besonders wichtig, dass die Piloten sie sofort aufsetzen können, damit sie genug Luft bekommen, um das Flugzeug heil zur Erde zu bringen. Hat einer der Piloten dann einen dicken Bart, kann es passieren, dass die Maske nicht richtig auf seinem Gesicht aufliegt. In dem Fall würde er erstens nicht genug Luft bekommen und zweitens wichtige Sekunden verlieren, bis die Maske sitzt. Beides wäre in einem Notfall eine unnötige Gefährdung der Passagiere an Bord.

Was ist die größte Gefahr für ein Flugzeug?

Man mag es kaum glauben, aber für ein Flugzeug ist tatsächlich ein Vogel die größte aller Gefahren! Denn wenn eines der Tiere in die Turbinen (die Triebwerke) gesaugt wird, können diese dabei so großen Schaden erleiden, dass es gefährlich werden kann. Deswegen sind inzwischen alle Flugzeuge mit einer Art Vogelalarmanlage ausgestattet. Sie warnt die Piloten vor Vögeln, die der Maschine zu nahe kommen.

Stimmt es, dass Piloten immer etwas anderes essen als die übrige Besatzung?

Ja, das stimmt. Und auch hier gibt es wieder einen sehr guten Grund: Es handelt sich nämlich um eine Vorsichtsmaßnahme. Wenn das Gericht, das alle essen, zum Beispiel verdorben wäre und die Piloten würden es auch zu sich nehmen, könnten sie eine Lebensmittelvergiftung bekommen. Zwei Piloten mit Bauchkrämpfen wären bestimmt keine gute Voraussetzung für einen sicheren Weiterflug. Außerdem bekommen auch Pilot und Co-Pilot nie dasselbe Essen. Es könnte ja sein, dass eines der Gerichte verdorben oder im schlimmsten Fall sogar vergiftet ist. Wenn dann jeder etwas anderes isst, kann zumindest derjenige, der verschont geblieben ist, weiterfliegen.

Stürzt ein Flugzeug automatisch ab, wenn alle Triebwerke ausfallen?

Die Antwort lautet: Nein! Ein Flugzeug kann durchaus auch ohne Triebwerke in einen Sinkflug gebracht und dann gelandet werden. Was die meisten Passagiere bei einem Flug gar nicht mitbekommen, ist, dass die Turbinen während des Fluges sowieso meistens in den Leerlauf geschaltet werden. Das heißt, sie sind zwar an, aber arbeiten nicht mit voller Leistung. Das geschieht immer dann, wenn sich das Flugzeug auf der Höhe befindet, in der es die größte Strecke zurücklegen wird. Das nennt man auch die »Reisehöhe«.

Könnte man sich bei einem Absturz mit einem Fallschirm retten?

Das ist eine schwierige Frage, denn vollkommen unmöglich wäre es nicht. Was dabei aber alles beachtet werden müsste, ist so schwierig, dass es kaum jemandem wirklich gelingen würde. Erstens müsste man in dem Moment, in dem das Flugzeug abstürzt, die absolute Ruhe bewahren, um den Fallschirm richtig anzulegen. Zweitens müsste man einen Höhenmesser dabeihaben, denn man kann erst ab einer gewissen Höhe – 4000 Meter über dem Boden – abspringen. Allzu weit unten sollte man es dann auch wieder nicht wagen, sonst wäre der Weg zu kurz, um den Schirm zu öffnen, und man würde wie ein Stein auf den Boden knallen. Und zu guter Letzt ist ein Fallschirm, den man so klein machen kann, dass er ins Handgepäck passt, so teuer, dass es sich die meisten Menschen nicht leisten könnten.

Fällt alles aus der Flugzeugtoilette auf die Erde?

Erst einmal muss man vielleicht lachen, wenn man sich vorstellt, wie all das, was die Menschen in die Flugzeugtoiletten machen, aus dem Flugzeug fällt und auf uns niederregnet. Aber wenn man genauer darüber nachdenkt, ist es doch ein bisschen eklig … Aber keine Sorge! Das Einzige, was wirklich aus dem Flugzeug »fällt«, ist das Wasser, das man zum Händewaschen benutzt. Es kommt aber nie unten auf der Erde an, weil es sich schon auf dem Weg dorthin in Dampf verwandelt. Doch wo bleibt dann der Rest? Alles, was auf einer Flugzeugtoilette hinterlassen wird, landet nach dem Spülen in einem Tank, der sich im Bauch des Flugzeuges befindet. Dieser Tank wird immer, wenn das Flugzeug gelandet ist und an einem Flughafen steht, geleert.

Warum heißen die Anführungszeichen Gänsefüßchen?

Im Deutschunterricht machst du irgendwann die Bekanntschaft mit den Anführungszeichen. Sie kommen zum Beispiel immer dann vor, wenn man im Text zeigen will, dass gerade jemand spricht. Das nennt man dann wörtliche Rede. Aber außerhalb der Schule benutzen dafür viele den Ausdruck »Gänsefüßchen«, wenn sie von den Anführungszeichen sprechen. Das hat etwas mit längst vergangenen Zeiten zu tun. Vor ein paar Hundert Jahren sahen die Gänsefüßchen nämlich noch ein bisschen anders aus – wie ein kleines v. Das hat die Leute damals an den Abdruck von Gänsefüßen auf dem Boden oder im Schnee erinnert. Ab 1970 wurde das kleine v dann von den beiden Kommas, die wir auch heute noch benutzen, abgelöst.

Ist der Schnee aus den Schneekanonen wirklich so schlecht für die Natur?

Leider lautet die Antwort darauf: Ja. Es ist immer wieder ein riesiger Spaß für Groß und Klein, im Winter zum Skifahren oder Rodeln in die Berge zu fahren. Weil man sicher sein möchte, dass auf den Bergen dann auch ausreichend Schnee liegt, benutzt man heute Schneekanonen. Mit diesen riesigen Kanonen wird, wenn es nicht genug geschneit hat, feiner Wasserstaub auf die Pisten gesprüht. Weil es kalt ist, gefriert das Wasser schon, solange es noch in der Luft ist, und fällt dann gleich als Schnee auf die Hänge. Denn Schnee ist nichts anderes als gefrorenes Wasser! Auf diese Weise kann man sogar in den Wintern, in denen gar kein Schnee fällt, Ski oder Schlitten fahren. Eigentlich eine tolle Idee, wenn da nicht die Natur wäre, die darunter ganz schön zu leiden hat. Denn damit die Schneekanonen den ganzen Schnee herstellen können, ist zum einen sehr viel Wasser und zum anderen eine große Menge an Energie, also Strom, nötig. Beides ist nicht gerade gut für die Umwelt. Für das viele Wasser werden immer wieder riesige Stauseen auf den Bergen geschaffen. Sie nehmen das Wasser der Gegend in sich auf, das die Bäume und andere Pflanzen auch gut gebrauchen könnten. Ebenso belastet der hohe Stromverbrauch der Kanonen die Umwelt (siehe auch Seite 155).

Der Schnee aus den Kanonen sorgt also zwar für tolle Ferientage auf den Pisten, zerstört aber gleichzeitig so viel, dass einem das Lachen auch wieder vergehen kann. Außerdem weiß man bis heute nicht, ob der künstlich hergestellte Schnee nicht auch für die Böden der Wiesen, auf denen sich die Pisten befinden, schlecht ist. Er braucht nämlich viel länger, bis er wieder geschmolzen ist, als natürlicher Schnee. Das heißt, der Boden darunter liegt länger unter der Schneeschicht. Die Pflanzen sprießen so erst später, und dadurch ist im Frühling vielleicht nicht genügend Nahrung für die Insekten da (siehe auch Seite 26).

Wie kommt der Strom in die Steckdose?

Ohne Strom würden wir wohl alle ziemlich dumm aus der Wäsche schauen. Denn im heutigen Leben läuft fast alles mithilfe von Strom. Es geht schon beim Aufstehen los: Du wachst auf, weil der Radiowecker oder das Handy klingelt – beides braucht Strom. Auch das Licht, das du manchmal schon morgens benötigst, um ins Bad zu finden, benötigt Strom. Der Herd in der Küche, der Toaster, der Wasserkocher für den Tee – all das wird mit Strom betrieben. Und so weiter .... Wir sind den ganzen Tag und auch nachts darauf angewiesen, dass der Strom ständig aus der Steckdose fließt. Hast du dir aber schon einmal überlegt, wie er überhaupt dorthin kommt? Dazu ist nämlich ganz schön viel Aufwand nötig:

1. Man braucht ein Kraftwerk, das den Strom herstellt. Es gibt verschiedene Arten von Kraftwerken: a) Kohlekraftwerke, Erdölkraftwerke und Erdgaskraftwerke (hier wird der Strom gemacht, indem Kohle, Öl oder Gas verbrannt werden) b) Atomkraftwerke (der Strom entsteht hier mithilfe von Atomenergie) c) Sogenannte »saubere Energiequellen« wie Solaranlagen (die Energie der Sonne wird eingefangen und in Strom umgewandelt), Wasser- und Windkraftwerke (hier passiert dasselbe, nur mithilfe von Wind oder Wasser).

2. Der Strom muss durch kilometerlange Kabel über oder unter dem Boden zu uns transportiert werden.

3. Dann wird er so umverteilt, dass er in die verschiedenen Häuser gelangen kann. Das passiert in den »Umspannwerken«.

4. Erst jetzt wird der Strom noch einmal so verteilt, dass jedes Haus den Strom erhält, der aus der Steckdose kommt. Das sind dann genau 230 Volt.

Erst wenn das alles passiert ist, kannst du Strom bei dir zu Hause nutzen. Es steckt also eine Menge Arbeit und Energie dahinter, bis du deinen CD-Player starten kannst. Doch genau dieser ganze Aufwand und vor allem die Energie, die dafür verbraucht wird, ist auch ein Problem für unsere Natur. Denn außer bei den sauberen Energiequellen – und selbst hier ist ein riesiger Aufwand nötig – wird bei allen Arten, Strom herzustellen, auch gleichzeitig die Umwelt belastet. Die einen Kraftwerke verbrennen Gas, Öl und Kohle – und die dabei entstehenden Abgase sind sehr schädlich für die Natur. Die anderen nutzen die Atomkraft, die zwar nichts verbrennt, aber äußerst gefährlich werden kann, wenn einmal etwas schiefläuft.

Der Strom kommt also nicht einfach so aus der Steckdose, und deshalb sollte man auch immer darauf achten, dass man Energie spart, wo es möglich ist. Das fängt schon bei Kleinigkeiten an: Du kannst zum Beispiel einfach mal überprüfen, wie lange die Kühlschranktür offen steht, bis du etwas herausgeholt hast. Je länger das dauert, umso mehr Strom braucht der Kühlschrank danach, um wieder so kalt zu werden wie zuvor.

Warum kommt bei den einen das Christkind und bei den anderen der Weihnachtsmann?

Das ist schon eine merkwürdige Sache – während bei uns meistens das Christkind dafür zuständig ist, die Geschenke unter den Weihnachtsbaum zu legen, ist es zum Beispiel in Amerika der Weihnachtsmann. Wie ist das denn nun – wer ist der Richtige für diesen Job? Die Antwort lautet: Das kommt darauf an, wo man lebt. Die Geschichte dazu hat sich einfach in den verschiedenen Teilen der Welt unterschiedlich entwickelt. Angefangen hat alles mit dem heiligen Nikolaus. Besser gesagt war es Nikolaus von Myra, der 270 in dem Gebiet der heutigen Türkei auf die Welt kam. Er wurde zum Heiligen ernannt, weil er so gütig und barmherzig war. Er half den Armen und Kranken und unterstützte sie unter anderem mit Geschenken. Daraus hat sich der Brauch entwickelt, dass man sich an seinem Todestag, dem 6. Dezember, gegenseitig Geschenke macht, um alle daran zu erinnern, dass man die hilfsbedürftigen Menschen unterstützen soll. Bis ins 16. Jahrhundert war der 6. Dezember der wichtigste Feiertag im Winter.

Bis dahin wusste noch niemand etwas vom Christkind. Zu dieser Zeit lebte auch Martin Luther, ein Mönch. Er war mit manchen Bräuchen der Kirche zu dieser Zeit nicht mehr einverstanden, deshalb sorgte er für einige Änderungen. Dazu gehörte auch, dass er die Verehrung von Heiligen – wie dem Nikolaus – ablehnte. Er war der Meinung, dass man sich wieder mehr an Jesus erinnern sollte. Und weil Jesus am 24. Dezember geboren wurde, dachte er sich, dass man doch diesen Tag als einen der wichtigsten Feiertage im Jahr nutzen sollte. Im Gedenken an Jesus sollte ein göttliches Kind den heiligen Nikolaus ersetzen: das Christkind. Von nun an feierten die Menschen immer mehr den 24. Dezember mit dem Christkind, das die Geschenke bringen sollte. Und das ist bei uns noch bis heute so.

In Amerika hat sich die Geschichte dagegen anders entwickelt, und der heilige Nikolaus wurde mit der Zeit immer mehr zum netten Weihnachtsmann, der die Geschenke durch die Schornsteine der Häuser plumpsen lässt.

Aber heute spielt es auch keine große Rolle mehr, wer nun der echte »Weihnachtsheld« ist, der bei dem Fest der Liebe gefeiert wird und die Geschenke bringt. Denn das hängt von jedem Land mit seinen eigenen Bräuchen ab.

Wie funktioniert das Internet?

Inzwischen kennt es auch wohl beinahe jedes Kind – das Internet. Aber wie funktioniert das überhaupt? Wie kann uns dieses Internet denn überhaupt verstehen?

Als Erstes brauchst du – sofern du zu Hause und nicht unterwegs bist – einen Router. Das ist ein kleines Kästchen, meistens mit einer Antenne ausgestattet. Der Router ist sozusagen der Übersetzer zwischen dir und dem Internet. Als Zweites benötigst du ein Gerät, mit dem man ins Internet gehen kann und das sich mit dem Router verbindet. Also zum Beispiel einen Computer oder ein Smartphone. Wenn du dann dem Computer oder dem Handy sagen möchtest, dass du eine bestimmte Seite im Internet suchst, tippst du den Namen der Seite oder den Begriff, der dich interessiert, ein. Diese Aufforderung wird an den Router weitergegeben. Der Router und das Internet haben eine ganz eigene elektronische Sprache, mit der sie sich verständigen können. Es sind lauter kleine elektronische Päckchen, die zwischen Router und Netz hin und her wandern. Der Begriff, der dich interessiert, wird dann vom Router als elektronisches Päckchen an das Internet weitergegeben. Das Internet leitet ihn genau dorthin, wo die Antwort steht oder wo die gewünschte Seite zu finden ist. Sobald deine »Nachricht« dort angekommen ist, wird eine Antwort zurückgesendet. Das geht dann genauso wie zuvor, nur andersherum: Sie wird von der Internetseite als Päckchen gesendet, landet im Internet, und von dort aus wird sie über den Router direkt zu dir geschickt. So funktioniert das auf der ganzen Welt. Dabei ist es völlig egal, ob man mit einem Handy, einem Computer oder einem Tablet ins Internet geht.

Warum müssen so viele Menschen aus ihrer Heimat fliehen?

Vielleicht hast du auch schon davon gehört, dass immer mehr Menschen aus ihren Heimatländern fliehen. Es geht dann um »die Flüchtlinge«, und in den Nachrichten sind sie oft ein Thema. Aber woher kommen die Menschen und warum laufen sie von zu Hause weg?

Gerade in den letzten Jahren wird immer mehr über die Menschen gesprochen, die ihre Heimat verlassen, in der Hoffnung, dass es ihnen woanders besser geht. Es geht um Flüchtlinge, die oft unvorstellbare Wege hinter sich gebracht haben, damit sie noch einmal neu anfangen können. Viele haben alles, was sie hatten, hinter sich gelassen und sind nur mit ihrer Familie auf eine Reise gegangen, von der sie nicht wussten, wo und wie sie am Ende für alle ausgehen wird. Das ist nicht wie in den Urlaub fahren und wissen, dass man wieder heil zurückkommt. Diese Menschen haben keine Ahnung, ob sie in dem Land, in dem sie einmal landen werden, Arbeit finden, um ihre Familien zu ernähren, oder ein schönes Zuhause. Sie wissen meistens nicht einmal, ob sie die Reise überstehen werden oder nicht. Immer wieder hört man von Booten, die untergegangen sind, weil sich auf ihnen viel zu viele Menschen befanden. Aber trotzdem nehmen sie all diese Schwierigkeiten auf sich, nur um aus ihrer Heimat zu fliehen – warum? Dafür gibt es mehrere Gründe:

1. In ihrem Heimatland herrschen Krieg oder Hungersnöte.

2. Sie werden zu Hause verfolgt, zum Beispiel wegen ihrer Religion oder ihrer politischen Überzeugung.

Wenn sie nicht vor dem Krieg fliehen, dann, damit sie nicht ins Gefängnis kommen oder sogar umgebracht werden. Sie haben Angst um sich selbst und um ihre Familien. Weil aber immer mehr von ihnen in den Ländern ankommen, in denen es den Menschen gutgeht, müssen sich die Politiker dieser Länder immer wieder etwas Neues ausdenken, damit das auch ohne Probleme ablaufen kann. Das ist dann der Grund dafür, warum die Menschen zurzeit so oft über dieses Thema sprechen.

Stimmt es, dass man von Computerspielen süchtig werden kann?

Ja, es stimmt! Wie das geht? Ganz einfach: Wenn du ein Computer- oder Onlinespiel spielst, bist du mit all deinen Sinnen bei der Sache. Die Augen starren auf den Bildschirm, dein Gehirn konzentriert sich auf all das, was da in Form von Bildern und Tönen auf dich einprasselt. Sogar dein Herz schlägt schneller – kurzum: Dein ganzer Körper spielt mit. Und genau das ist es, was die Sache ja auch so spannend macht. Gleichzeitig passieren aber ein paar Dinge, die gar nicht gut sind: Deine Augen sind völlig überfordert von dem immer gleichen Starren auf den Bildschirm, der viel zu nahe an den Augen ist. Deine Muskeln im Nacken verspannen sich. Das geht so weit, bis du irgendwann Kopfweh bekommst. Das Herz leistet Schwerstarbeit, und das Gehirn ist mit alldem am Ende eigentlich völlig überfordert. Aber genau das ist es, an was sich dein Körper mit der Zeit gewöhnt. Wenn du oft und lange spielst, wird er früher oder später süchtig nach diesem Gefühl. Außerdem sind die Spiele immer so gemacht, dass du meinst, du musst unbedingt weitermachen, weil du zum Beispiel endlich das nächste Level erreicht hast.

Wie merkst du, dass du schon süchtig geworden bist? Auch das ist ganz einfach festzustellen: Wenn du lieber vor der Konsole oder dem Computer sitzt, als mit deinen Freunden zu spielen. Wenn eigentlich alles andere außer dem Computerspiel langweilig und doof ist und du auf nichts mehr so richtig Lust hast – spätestens dann solltest du so schnell es geht damit aufhören. Denn auf Dauer kannst du dir auf diese Weise schwere gesundheitliche Probleme einhandeln, abgesehen davon, dass du es mit einer Sucht zu tun hast.

Was passiert mit dem ganzen Wasser, das wir runterspülen?

Ein Mensch verbraucht ungefähr 140 Liter Wasser am Tag! Das ist eine ganze Menge, die wir zum Beispiel für das Händewaschen, Toilettengänge, Duschen oder Wäschewaschen benötigen. Hast du dich schon einmal gefragt, was mit dem ganzen verbrauchten und schmutzigen Wasser dann passiert? Es fließt in den Abfluss – richtig. Und dann? Dann fließt es weiter durch die unterirdischen Rohre, die überall verteilt sind – das nennt man Kanalisation –, bis in die Kläranlage. Was in der Kläranlage passiert, verrät ihr Name: Sie klärt das Wasser und macht es wieder sauber Aber wie geht das und wohin kommt das saubere Wasser dann?

In der Kläranlage passiert Folgendes:

1. Das Wasser, das in der Anlage ankommt, bringt allerlei Schmutz mit sich: Toilettenpapier, Essensreste, Plastik, Sand und so weiter. Dieser grobe Schmutz wird im ersten Becken mit einer Art riesigem Rechen aus dem Wasser geschöpft.

2. Jetzt fließt das Wasser weiter in das sogenannte Vorklärbecken. Hier werden die Schmutzteile, die leicht sind und deshalb an der Oberfläche schwimmen, wie mit einem Sieb herausgefischt.

3. Im nächsten Becken, dem Klärbecken, leben unzählige kleine Helfer, die wir mit dem bloßen Auge gar nicht erkennen

können: Pilze und Bakterien. Sie freuen sich auf ein Festmahl – denn ihre Nahrung besteht aus den klitzekleinen Schmutzteilchen, die sich dann immer noch im Wasser befinden. Wenn sie alles aufgefressen haben, geht es weiter …

4. Jetzt kommt das Wasser mitsamt den Bakterien und Pilzen in das Nachklärbecken. Das ist dazu da, dass die kleinen Kerlchen nicht am Ende wieder mit dem gereinigten Wasser zu uns gelangen. Denn so hilfreich sie auch sind – wenn sie in unseren Körper kommen, machen sie uns krank. Deshalb wartet man hier, bis sie zum Grund abgesunken sind. Dort lässt man sie liegen und leitet nur das saubere Wasser weiter.

5. Jetzt ist das Wasser wieder ganz klar und kann zurück in die Flüsse geleitet werden. Es ist dann wieder Teil des Wasserkreislaufs.

Warum hat der Februar manchmal 28 und ein anderes Mal 29 Tage?

Das mit dem Februar ist so eine Sache, die durchaus verwirren kann. Da gibt es Jahre, in denen er nur 28 Tage lang ist, und dann wieder andere mit 29 Tagen. Dabei haben alle anderen Monate ja immer mindestens 30 Tage! Vor allem für diejenigen, die in einem Schaltjahr geboren sind, und das dann auch noch am 29. Februar, ist das gar nicht lustig. Denn sie dürften ja eigentlich nur alle vier Jahre Geburtstag feiern. Glücklicherweise kann man den Geburtstag in so einem Fall auch einfach einen Tag früher feiern.

Um das ganze Chaos zu verstehen, muss man in der Geschichte gleich ein paar Tausend Jahre zurückgehen. Denn in der Zeit der alten Römer, das war zwischen dem 8. Jahrhundert vor und dem 7. Jahrhundert nach Christus, hatte man auch schon einen Kalender. Der war aber etwas anders aufgebaut als unser Kalender von heute: Das Jahr begann damals mit dem Monat März, nicht wie heute mit dem Januar, denn das wurde erst durch den Herrscher Julius Cäsar im Jahr 45 vor Christus so festgelegt. Deshalb war der Februar auch der letzte Monat im Jahr. Weil man die 365 Tage, die ein Jahr hat, nicht gleichmäßig auf die zwölf Monate, die es gibt, aufteilen kann, blieben dem letzten Monat nur noch 28 Tage. Wenn man das aber immer so lassen würde, wäre irgendwann alles durcheinander: Die Jahreszeiten würden sich verschieben! Warum? Weil der Kalender immer mit der Bahn, die die Erde um die Sonne zieht, übereinstimmen muss. Denn diese Bahn ist für unsere Jahreszeiten verantwortlich, und die Erde soll nach einem Jahr immer wieder da ankommen, wo sie gestartet ist. Sie braucht aber, um die Sonne einmal zu umrunden, ein kleines bisschen länger als die 365 Tage, die ein Jahr laut dem Kalender hat. Es sind nämlich eigentlich 365,25 Tage. Das hört sich auf den ersten Blick vielleicht etwas kleinlich an – ist aber am Ende ein viertel Tag mehr! Würde man dies nicht berücksichtigen, würden sich im Laufe der Jahre die Jahreszeiten verschieben, weil sich die Erde eben ein bisschen langsamer dreht, als es im Kalender gedacht ist. Sie würden nicht mehr zusammenpassen. Um das auszugleichen, hat man alle vier Jahre das sogenannte Schaltjahr in den Kalender eingefügt. Denn nach vier Jahren ist die Erde schon einen ganzen Tag langsamer, als der Kalender es vorsieht. Die Schaltjahre sind genau die Jahre, in denen der Februar 29 Tage hat. Der Kalender macht dann sozusagen einen Tag Pause und wartet drauf, dass die Erde wieder da ankommt, wo sie nach einem Jahr sein sollte.

Das hatte übrigens auch schon Julius Cäsar gewusst und deshalb damals das Schaltjahr eingeführt.

Wofür hat alles, was wir kaufen, einen Strichcode?

9 783742 308702

Wir kennen sie alle, die schwarz-weißen Striche auf den Verpackungen, die an der Kasse eingelesen (gescannt) werden. Aber was erfährt denn die Kasse durch diesen Strichcode und warum gibt es ihn überhaupt?

Die Geschichte des Strichcodes begann im Jahr 1974, als in Amerika das erste Produkt – ein Kaugummi – mit einem Strichcode versehen wurde. Die Idee der Erfinder war, dass man die Preise der Waren, die auf dem Fließband liegen, nicht mehr einzeln und mühsam in die Kasse eintippen muss und damit Zeit spart. Auf diese Weise mussten die Verkäuferinnen an der Kasse nicht mehr so viel tippen. Und auch für die Kunden, die in der Schlange standen, hatte es einen großen Vorteil: Es dauerte nicht mehr so lange! Alles, was man dazu brauchte, waren ein Strich- oder Barcode (das ist dasselbe) und ein Lesegerät, das diesen Code, also die Verschlüsselung, entziffern kann. Bei uns in Deutschland kam der Strichcode zwar so richtig erst Ende der 1980er-Jahre an, aber inzwischen gibt es beinahe kein Produkt mehr, das ohne ihn auskommt. Was kann das Lesegerät also alles aus den merkwürdigen Strichen ablesen? Die wichtigsten Informationen:

- Um welches Produkt handelt es sich?
- Woher stammt es?
- Wer hat es hergestellt?
- Was kostet es?

Mittlerweile gibt es viele verschiedene Arten von Strichcodes, aber das, was darin steht, bleibt gleich.

Wie funktioniert das Navigationsgerät im Auto und wer spricht da mit uns?

Inzwischen ist es ganz normal, dass sich in jedem Auto ein Navigationsgerät – das »Navi« – befindet. Dabei ist es noch gar nicht so lange her, da mussten sich die Menschen mit riesigen Landkarten durchschlagen. Die hatte meistens der Beifahrer auf dem Schoß. Das war ganz schön umständlich, und je nachdem, wie gut der Beifahrer im Kartenlesen war, landete man dann wirklich auch dort, wo man hinwollte, oder eben ganz woanders.

Die ersten »mobilen Navigationsgeräte« – so heißen sie eigentlich richtig – gab es im Zweiten Weltkrieg. Sie dienten den Piloten der Kampfflugzeuge oder den Kapitänen der Kampfschiffe dazu, ihr Ziel besser finden zu können. Erst später wurden die Navis dann über Satelliten, die ihre Kreise um die Erde ziehen, geleitet. Aber auch damals hatte noch niemand ein Navi im Auto. Es gab sie vorerst nur in den Flugzeugen und etwas später dann auch für Schiffe. Erst in den 1990er-Jahren begann man damit, Navigationsgeräte für Autos herzustellen. Heute kennt jeder die freundliche Stimme, die immer genau weiß, wo es langgehen soll. Aber wie funktioniert das? Und wer spricht da mit uns?

Wenn wir das Navi anschalten, wird die Position, auf der wir uns gerade befinden, festgestellt. Das nennt man auch »orten« und es funktioniert mithilfe der Satelliten ganz von selbst. Sie werden ins Weltall gebracht, um uns Informationen über die Erde zu senden. Dazu gehört zum Beispiel das Wetter. Der Satellit kann aber auch genau sagen, wo wir uns befinden. Er sieht praktisch alles von oben und meldet es dem Navi. Wenn der

Satellit dann weiß, wo wir uns befinden, brauchen wir nur noch dem Navi zu sagen, wohin wir wollen, indem wir Straße und Ort eingeben. Es berechnet dann die Strecke, die wir fahren sollen. Das ist ganz einfach, denn das Navi hat alle Stadtpläne und Landkarten gespeichert und weiß deshalb genau, wie man fahren muss. Der Satellit sendet während der ganzen Fahrt Signale an das Navi, um ihm zu zeigen, wo wir uns gerade auf der Strecke befinden. So weiß das Navi immer, wie lange wir noch brauchen oder ob wir falsch gefahren sind. Manchmal kann es auch passieren, dass die Verbindung zu einem Satelliten abbricht, weil zum Beispiel zu viele Wolken am Himmel sind. In dem Fall weiß das Navi dann nicht, wo wir gerade sind. Es könnte schwierig werden, den Weg zu finden, denn es empfängt gerade keine Signale vom Satelliten. Das passiert aber meistens nur für eine kurze Zeit, weil wir uns ja ständig weiterbewegen. Dadurch gelangen wir auch immer wieder in einen Bereich, in dem das Navi erneut ein Signal vom Satelliten empfangen kann. Außerdem kommt das sehr selten vor, denn für jede Strecke, die wir vom Navi berechnen lassen, sind vier Satelliten nötig, um genau sagen zu können, wo es langgeht. Wenn wir die Daten nur von einem einzigen Satelliten bekommen würden, wären sie zu ungenau.

Und wer spricht da mit uns? Meistens sind es Sprecher oder Schauspieler, die dem Navi ihre Stimme geben. Dazu müssen sie aber nicht alle Sätze, die ein Navi sagen kann, einsprechen – das würde viel zu lange dauern. Sie sprechen nur ungefähr 8000 Sätze – das dauert ungefähr einen Tag lang –, die dann von einem Computer in kleine Einheiten zerteilt werden. Danach kann sie der Computer im Navi wie Bausteine wieder so zusammensetzen, dass dieses den Weg ansagt. Das geht, weil immer wieder Sätze vorkommen, die gleich sind, wie zum Beispiel: »Jetzt bitte rechts abbiegen.« Diesen Satzbaustein kann der Computer dann mit den verschiedenen Straßennamen kombinieren. Mittlerweile ist es sogar möglich, verschiedene Stimmen für das Navi zu kaufen.

Warum fangen alle Telefonnummern mit einer Null an?

Das ist schon komisch: Jedes Mal wenn man jemanden anrufen möchte, muss man als Erstes die Null wählen – außer derjenige befindet sich im gleichen Ort. Der Grund dafür liegt in der Entwicklung des Telefons. Früher, etwa Ende der 1960er-Jahre, war ein spezieller Apparat dafür zuständig, einen Anrufer mit der richtigen Nummer zu verbinden. Damit der Apparat wusste, wohin der Anruf gehen sollte, erfand man eine Art Code. Es wurde festgelegt, dass es sich, wenn der Anrufer keine Null vorwählte, um ein Gespräch im gleichen Ort handelt – ein Ortsgespräch also. Der Anruf wurde dann von der Ortsvermittlungsstelle direkt an die gewählte Nummer weiterverbunden. Wählte man eine Null vor der Nummer, sollte das Gespräch in eine andere Stadt im selben Land gehen. In dem Fall wurde es von der Ortsvermittlungsstelle zuerst an die Fernvermittlungsstelle geleitet und von dort aus dann weiter an den Empfänger. Wenn man zweimal die Null wählte, landete man im Ausland. Der Anruf wurde dann zuerst von der Ortsvermittlungsstelle an die Fernvermittlungsstelle geschickt und von dort aus weiter an die Auslandsvermittlungsstelle. Sie sorgte dann dafür, dass der Anrufer mit der Nummer im Ausland verbunden wurde, die er gewählt hatte. Die vielen Nullen waren also das Zeichen für die automatische Vermittlung, wo das Gespräch hingehen sollte. Und das ist auch heute noch so, mit dem Unterschied, dass sich kein Apparat, sondern ein Computer um die richtige Verbindung kümmert.

Warum sind die Trikots der deutschen Nationalmannschaft schwarz-weiß?

Jeder, der sich für Fußball interessiert, weiß, dass die Trikots der Nationalmannschaft schwarz-weiß sind. Aber warum das so ist, wissen längst nicht alle. Angefangen hat alles mit dem ersten Länderspiel der deutschen Elf im Jahr 1908 gegen die Schweiz. Damals war Deutschland noch ein Kaiserreich, das aus verschiedenen Staaten bestand. Der König des größten Staats – Preußen – war auch Kaiser des Deutschen Kaiserreiches. Und die Flagge von Preußen hatte die Farben Schwarz und Weiß. Weil also der größte Staat auch noch gleichzeitig der Sitz des damaligen Kaisers war, benutzte man seine Farben, um das ganze Land zu vertreten. Deshalb trug die Nationalmannschaft bei ihrem ersten Länderspiel schwarz-weiße Trikots, und das wurde bis heute beibehalten.

Warum ist Cola braun?

Als Kind sollte man keine Cola trinken, aber die Frage, woher das Getränk seine braune Farbe hat, sollte erlaubt sein. Sie stammt nämlich von einem der ältesten Farbstoffe, die für Lebensmittel verwendet werden: Karamell! Karamell macht man ganz einfach, indem man Zucker mit etwas Wasser heiß werden lässt und kocht. Das nennt man auch »karamellisieren«. Wenn der Zucker mit dem Wasser verkocht ist, entsteht eine süße, dunkle und zähflüssige Masse – das Karamell. Die Cola wird seit ihrem »Geburtsjahr«, das war 1886, mit diesem natürlichen Farbstoff dunkelbraun gefärbt.

Wie kam der Pantoffel zu seinem Namen?

Das Wort wird heute zwar eher selten benutzt, aber bestimmt hast du schon mal jemanden von einem Pantoffel sprechen hören. Gemeint sind damit unsere Hausschuhe. Dass der Pantoffel so heißt, hat mit der Vergangenheit zu tun. Denn früher war es üblich, dass man viele Wörter aus dem Französischen übernommen hat. Warum? Weil das damals als chic galt – heute würde man sagen »cool«. Wenn man Wörter aus dem Französischen benutzte, sollte das zeigen, dass man sich in der Welt auskannte. Denn der stinknormale Hausschuh war gegen den französischen Pantoffel natürlich äußerst langweilig. Das französische Wort lautete »pantoufle« und bedeutet so viel wie Schlappen oder Latschen. Gemeint waren damit Schuhe, in die man einfach reinschlüpfen konnte, die also keine geschlossene Ferse hatten.

Den Pantoffel in seiner Form als Schlappen gibt es übrigens schon sehr lange. Die ältesten Paare hat man in Gräbern gefunden, die aus dem 2. Jahrhundert stammen! Das war gerade mal 200 Jahre nach Christi Geburt.

Warum heißt der Flohmarkt so?

Vielleicht, weil man früher auf den Märkten Flöhe kaufen konnte? Die Antwort ist, wie du gleich sehen wirst, gar nicht so verkehrt. Trotzdem gehen die Meinungen auseinander, in welchem Land der Flohmarkt entstanden ist – die einen sagen, es sei Frankreich gewesen, die anderen glauben, dass in Belgien der erste Flohmarkt der Welt eröffnet hat. Eines steht fest – es ist ziemlich lange her, dass die ersten Trödelmärkte aufgebaut wurden: Das geschah im 19 Jahrhundert. Und darüber, dass der Begriff »Flohmarkt« aus dem Französischen abgleitet ist, sind sich auch alle einig. »Marché aux Puces« bedeutet übersetzt »Markt der Flöhe«.

Im 19. Jahrhundert gab es viele arme Menschen, die sich ihren Lebensunterhalt damit verdienten, dass sie Trödel verkauften. Das waren meistens alte Waren wie Möbel, die von den reicheren Leuten aussortiert wurden. Die ärmeren zogen dann nachts durch die Straßen und sammelten die aussortierten Sachen zusammen. Am nächsten Tag versuchten sie die Dinge dann auf dem Markt, wenigstens für ein bisschen Geld, zu verkaufen. Dasselbe machten sie mit gebrauchter Kleidung: Sie wurde gesammelt und dann auf dem Markt angeboten. Weil man aber damals die Waschmaschine noch nicht kannte, die uns heute so einfach unsere Sachen wäscht, wurden die Kleider einfach so dreckig, wie sie waren, verkauft. Doch gerade in ungewaschener Wäsche hatten sich die Flöhe eingenistet, die zu der Zeit eine richtige Plage waren. Das hatte nicht nur damit zu tun, dass Wäschewaschen mühsam und aufwendig war. Es war auch nicht üblich, sich jeden Tag zu waschen – und schon gar nicht mit Seife! Denn die hatten nur die reichen Leute. Die Menschen von damals waren also lange nicht so sauber, wie wir es heute sind. Für die Flöhe war das dagegen ein Paradies. Sie machten es sich auf den Menschen oder in deren Bekleidung bequem. Wenn dann jemand anderer das Kleidungsstück kaufte, erwarb er auch gleich noch kostenlos ein paar Flöhe dazu. Aber abgesehen davon konnte einen auch der ein oder andere Floh heimsuchen, wenn man gar nichts auf den Märkten gekauft hatte. Es reichte schon völlig aus, einfach nur dort gewesen zu sein. Das lag daran, dass viele der Menschen dort schon längst Flöhe hatten. Bei all dem Getümmel auf den Märkten war es ein Leichtes für die kleinen Parasiten, von einem Menschen zum anderen zu hüpfen und sich damit einen neuen »Wirt« zu suchen. Flöhe hüpfen nämlich ohne Probleme einen Meter weit!

Deswegen nannte man diese Märkte dann irgendwann Flohmärkte, und das ist bis heute so geblieben. Aber keine Angst, wenn du jetzt auf einen Flohmarkt gehst, nimmst du bestimmt keine ungebetenen Gäste mehr mit nach Hause. Trotzdem sollte man Kleidung, die schon einmal getragen wurde, waschen, bevor man sie selbst anzieht.

Wie entsteht Nebel?

Das Wort Nebel kommt von dem lateinischen »nebula« und bedeutet Dunst oder Wolke. Und etwas anderes ist Nebel auch nicht – Dunst beziehungsweise Wolken, die sich am Boden befinden. Aber wie entsteht er? Vielleicht ist dir schon aufgefallen, dass Nebel meistens in den kalten Monaten wie zum Beispiel im November zu sehen ist, und das dann hauptsächlich am Morgen. Das liegt daran, dass sich Nebel nur dann bilden kann, wenn es tagsüber einigermaßen warm ist, nachts aber schon ziemlich kalt. Das Ganze hat etwas mit dem Wasserdampf zu tun, der sich in der Luft befindet. Normalerweise kann man ihn nicht sehen, aber wenn es nachts kalt ist und damit die Luft unten am Boden auch immer kälter wird, verflüssigt sich der Wasserdampf. Er verwandelt sich in unzählige kleine Wassertröpfchen, und genau die können wir sehen: Es wird nebelig. Wenn dann tagsüber die Sonne wieder scheint, wird die Luft wärmer, und damit lösen sich auch die Wasserteilchen auf. Sie werden wieder zu unsichtbarem Dampf und der Nebel ist weg.

Wer gab der Frisbeescheibe ihren Namen?

1871 baute der Amerikaner William Russell Frisbie in Connecticut (USA) eine Bäckerei auf, die es noch viele Jahrzehnte geben sollte. Eine der Spezialitäten dieser Bäckerei waren Torten, die in runden Formen verkauft wurden. In den 1940er-Jahren fanden die Kinder der damaligen Zeit heraus, dass man mit den leeren Tortenformen toll spielen konnte. Sie warfen sie sich gegenseitig zu. Walter Morrison war auch eines dieser Kinder. Als er erwachsen war, kam ihm irgendwann die Idee, dass man diese Scheiben ja noch stabiler und flugfähiger mache könnte, sodass es noch mehr Spaß machte, mit ihnen zu spielen. Er entwarf die erste Frisbeescheibe aus Plastik, die aber noch nicht so hieß. Erst später, als er immer neue und bessere Formen der Scheibe entwickelt hatte, gab es eine Firma, die diese Scheiben herstellen wollte. Der Besitzer der Firma hörte sich die Geschichte von Morrison an, der ihm von den runden Tortenformen der Bäckerei Frisbie erzählte. So kam es zu der Idee, die Scheiben einfach Frisbee zu nennen. Seitdem darf eigentlich nur diese eine Firma ihre Scheiben so nennen. Weil der Begriff »Wurfscheibe« aber ein bisschen umständlich klingt, nennt man inzwischen jede Scheibe, egal ob sie von diesem einen Hersteller gemacht wurde oder nicht, Frisbee.

Wozu werden Tierversuche gemacht?

Leider ist es auch heute noch so, dass Versuche an Tieren gemacht werden können. Zum Glück dürfen an ihnen aber keine Tests mehr für Kosmetik gemacht werden – also Cremes, Schminke, Shampoos und so weiter. Früher war das noch erlaubt, bis sich immer mehr Menschen gegen das Leid der Tiere bei diesen Versuchen ausgesprochen haben. Seitdem gibt es ein Gesetz, das diese Versuche verbietet. Dieses Gesetz wurde am 11. März 2013 erlassen und gilt für alle Firmen, die ihre Kosmetik in Europa verkaufen möchten.

Die einzigen noch erlaubten Tierversuche sind diejenigen, bei denen die Forscher versuchen herauszufinden, ob bestimmte Stoffe vertragen werden. Das ist zum Beispiel bei neuen Medikamenten der Fall. Um kranken Menschen helfen zu können, muss man die Stoffe oder Chemikalien, die eine Krankheit vielleicht heilen könnten, testen. Weil man das nicht mit Menschen machen darf, versucht man es meistens an Mäusen. Denn man weiß ja vorher nicht, ob dieses neue Medikament nicht Nebenwirkungen hat, sodass es den Patienten im schlimmsten Fall danach noch viel schlechter geht. Die Mäuse bekommen die neuen Stoffe dann entweder über eine Spritze oder indem man sie ihnen unter ihr Futter mischt. Auf diese Weise können die Forscher dann ganz genau beobachten, was mit den Tieren passiert. Mittlerweile gibt es aber auch viele andere Möglichkeiten, wie man herausfinden kann, ob und wie ein bestimmter Stoff wirkt, zum Beispiel spezielle Computertechniken. Trotzdem müssen manchmal immer noch Tests an Tieren gemacht werden. Das ist vor allem dann so, wenn herausgefunden werden soll, wie sich ein bestimmter Stoff auf Schwangere auswirkt.

Warum verschwinden im Bermudadreieck immer wieder Schiffe und Flugzeuge?

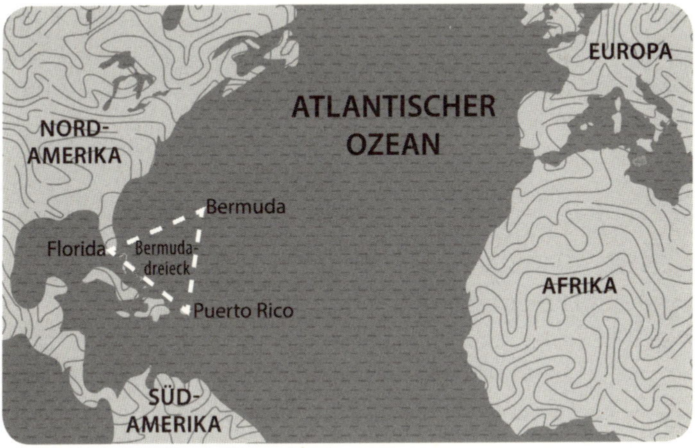

Das Bermudadreieck ist ein Gebiet im Atlantik und befindet sich zwischen Puerto Rico, Miami (in Florida) und den Bermudainseln. Schon seit jeher ranken sich viele gruselige Geschichten um diesen Ort. Eines haben sie alle gemeinsam: Dinge verschwinden dort. Und dabei geht es nicht etwa um Brillen oder Geldbeutel – sondern um ganze Flugzeuge und Schiffe! Es gibt gleich mehrere Berichte davon, wie sie sich anscheinend, sobald sie sich in das Bermudadreieck bewegten, einfach in Luft aufgelöst haben. Keiner hat bis heute irgendeinen Hinweis auf die Verschollenen gefunden. Keine Wrackteile, nichts war mehr auffindbar. Logisch, dass sich bald viele Geschichtenerzähler mit dem Thema befasst haben – und die Geschichten wurden mit der Zeit immer merkwürdiger. Inzwischen ist klar, dass es sich dabei aber nicht um einen Ort handelt, an dem Geister oder sonst etwas Übermenschliches sein Unwesen treibt. Das gehört dann doch eher in die Kiste des Seemannsgarns – gruselige Geschichten, die sich früher die Seeleute zum Zeitvertreib erzählt haben. Man geht vielmehr davon aus, dass sich das Bermudadreieck wegen seiner natürlichen Gegebenheiten von anderen Orten unterscheidet und dass ebendiese Unterschiede der Grund dafür sind, warum dort immer wieder Unfälle passieren. Die wichtigsten Überlegungen sehen so aus:

1. Das Wetter: Gerade dort gibt es immer wieder heftige Unwetter mit Stürmen, die für das Verschwinden vieler Schiffe verantwortlich sein können.

2. Riesige Wellen: Auch sie könnten ein Grund für die verschollenen Schiffe sein. Es gibt bestimmte Gebiete in den Meeren, in denen Wellen entstehen können, die viel größer werden als normalerweise.

3. Die Beschaffenheit des Bermudadreiecks: Elektromagnetische Felder können die Instrumente, zum Beispiel den Kompass, an Bord von Flugzeugen und Schiffen durcheinanderbringen. Man weiß nicht mehr, wo man sich befindet und wohin man steuern soll.

4. Gasexplosionen, sogenannte »Blow-outs«: Man hat herausgefunden, dass sich auf dem Meeresgrund im Bermudadreieck extrem viel Gas ansammelt. Es sammelt sich in eisähnlichen Brocken. Wenn sich die Temperatur des Wassers verändert oder ein Seebeben diese Brocken erschüttert, können sie explodieren. In dem Fall würde schlagartig sehr viel von dem Gas (Methan) frei werden. Es steigt nach oben und sammelt sich an der Meeresoberfläche. Dort ist das Wasser durch das viele Gas dann nicht mehr so tragfähig wie zuvor. Wenn dann ein Schiff über diesen Bereich fährt, sinkt es einfach durch die Oberfläche hindurch und geht unter. Man sagt auch: Die Dichte des Wassers ist zu gering, um ein Schiff zu tragen. Diese Theorie würde auch zu den Flugzeugabstürzen passen. In dem Fall steigt das Gas weiter nach oben in die Luft. Kommt es bei den Triebwerken eines Flugzeuges an, kann es sich sofort entzünden und das Flugzeug explodieren.

Die Wissenschaftler gehen im Moment davon aus, dass die Blow-outs die logischste von all den verschiedenen Erklärungen sind.

Was ist der Unterschied zwischen evangelischer und katholischer Religion?

Zu Beginn des Christentums, also des Glaubens an Jesus Christus und Gott, gab es nur eine Religion: die katholische. Das hat sich erst mit Martin Luther vor ungefähr 500 Jahren geändert. Martin Luther war ein katholischer Mönch, der sich aber mit der Zeit immer mehr an bestimmten Regeln der katholischen Kirche störte. Dazu gehörte zum Beispiel, dass es die Bibel nur auf Latein zu lesen gab, was für viele Menschen ein Problem war, da sie diese Sprache nicht beherrschten. Er war der Meinung, dass die Bibel und ihre Botschaft für jeden verständlich gemacht werden sollte. Das und noch einige andere Gründe brachten ihn eines Tages dazu, sich gegen die Regeln der katholischen Kirche aufzulehnen. Er beschwerte sich – das heißt, er protestierte dagegen in der Öffentlichkeit, indem er viele Reden hielt. Mit der Zeit waren immer mehr Menschen seiner Meinung. Daraus entwickelte sich dann eine eigene Kirche: die protestantische oder auch evangelische Kirche. Grundsätzlich glauben die Mitglieder der katholischen und der evangelischen Kirche an das Gleiche. Bei beiden geht es um den Glauben an Gott und Jesus Christus sowie die Einhaltung der christlichen Gebote wie Nächstenliebe und Hilfsbereitschaft. Zu diesem Glauben bekennen sich die Menschen, indem sie sich taufen lassen. Unterschiedliche Glaubensgruppen innerhalb einer Religion nennt man Konfessionen. Das sind zum Beispiel die evangelische und die katholische Glaubensrichtung. Die wesentlichen Unterschiede dieser beiden Konfessionen sind:

1. Bei den katholischen Christen gibt es einen Papst – das Oberhaupt der Kirche –, bei den evangelischen nicht.

2. Katholische Kinder feiern, wenn sie ungefähr acht bis zehn Jahre alt sind, die Erstkommunion und einige Jahre später die Firmung. In der evangelischen Kirche findet mit 14 Jahren die Konfirmation statt. Ab diesem Zeitpunkt gehört man dann zur Kirchengemeinde.

3. Bei den evangelischen Christen dürfen auch Frauen Pfarrer werden und heiraten. Das ist bei den Katholiken nicht erlaubt.

Katholisch und evangelisch sind also zwei Richtungen innerhalb eines Glaubens: des Christentums. Inzwischen versuchen aber beide, sich einander immer mehr anzunähern, da sie ja an denselben Gott glauben. Außerdem gibt es sogenannte »ökumenische« Gottesdienste. (Das Wort ökumenisch kommt aus dem Griechischen und bedeutet so viel wie: »die ganze bewohnte Erde«.) Hier feiern Katholiken und Protestanten zusammen – oder sogar die Mitglieder ganz anderer Religionen.

Worin unterscheiden sich Obst und Gemüse?

Wenn man es genau nimmt, dann ist Obst die Bezeichnung für Früchte, die an einer Pflanze wachsen, welche immer wieder Früchte trägt – zum Beispiel die Birnen am Baum. Bei diesen Pflanzen handelt es sich um Sträucher, Bäume oder Stauden. Zudem kann man Obst roh genießen, während viele Gemüsesorten vor dem Verzehr gekocht werden müssen. Als Gemüse bezeichnet man Teile von Pflanzen, die man essen kann – bei den Tomaten also zum Beispiel die Früchte, aber nicht die Blätter. Diese Pflanzen müssen jedes Jahr auf den Feldern wieder neu ausgesät werden.

Was sind eigentlich Fabelwesen?

Fabelwesen kommen in Fabeln vor – so viel ist klar. Aber was ist eine Fabel und was ein Fabelwesen? Eine Fabel ist eine erfundene Geschichte, die am Ende immer eine Lehre für den Zuhörer bereithält. Die »Hauptdarsteller« in den Fabeln sind Tiere, die sich aber wie Menschen verhalten und sprechen – zum Beispiel in der Geschichte von dem Hasen und dem Igel. Fabeln gibt es schon seit Tausenden von Jahren, die ältesten stammen aus einer Zeit von vor über 4000 Jahren.

Fabelwesen kommen allerdings nicht nur in Fabeln vor, es gibt sie auch in Märchen und Sagen. Vor allem im Mittelalter waren Fabelwesen beliebt, so sehr, dass viele Menschen an sie glaubten, obwohl es sie natürlich in Wirklichkeit nie gab. Die Geschichten, in denen die Fabelwesen vorkamen, entführten die Menschen damals in eine Traumwelt –irgendwie auch verständlich, in einer Zeit ohne Kino und Fernsehen. Zu den berühmtesten Fabelwesen gehören das Einhorn, der Basilisk – eine monströse Schlange mit Zauberkräften –, Drachen, Kobolde, Feen und viele mehr. Zu dieser Zeit war es auch noch leichter, daran zu glauben, denn man wusste lange nicht so viel von der Welt, wie das heute der Fall ist. Deshalb gab es für die Menschen damals viele Dinge, die sie sich nicht erklären konnten. Daraus machten sie dann Geschichten, die von zauberhaften Wesen handelten.

Auch heute gibt es noch Fabelwesen, an deren Existenz manche Menschen glauben. Da wären zum Beispiel der Yeti oder Bigfoot, die beiden riesenhaften Wesen, die verborgen in den Wäldern leben sollen. Etwas ist heute allerdings anders im Vergleich zu früher: Man geht nicht mehr davon aus, dass diese Kreaturen echte Fabelwesen mit magischen Fähigkeiten sind. Eher stellt man sie sich als extrem seltene Tierart vor, die kaum ein Mensch je zu Gesicht bekommt.

Was ist der Unterschied zwischen Bundeskanzler(in) und Bundespräsident(in)?

Die Politik ist manchmal wirklich schwer zu verstehen. Da gibt es so viele Ämter, und man weiß oft gar nicht, wer nun für was zuständig ist oder wer dabei eigentlich der wichtigste Mensch ist. Ganz oben steht die Bundeskanzlerin beziehungsweise der Bundeskanzler. Zurzeit ist das in Deutschland Angela Merkel – die erste Frau in diesem Amt und Mitglied der Partei CDU. Seit 13 Jahren ist sie schon die Kanzlerin Deutschlands. Noch länger im Amt war nur Helmut Kohl, er schaffte es ganze 16 Jahre lang, wiedergewählt zu werden. Die Bundeskanzlerin ist Chefin der Regierung und arbeitet im Bundeskanzleramt in Berlin. Man ist immer für vier Jahre in diesem Amt, dann gibt es

Neuwahlen. Um gewählt werden zu können, muss man einen deutschen Pass haben, mindestens 18 Jahre alt und Mitglied einer Partei sein. Die Kanzlerin hat die Aufgabe, die Politik im Land zu lenken, und ist damit das Oberhaupt der Regierung des ganzen Landes.

Der Bundespräsident beziehungsweise die Bundespräsidentin ist das Staatsoberhaupt. Wie? Ein Oberhaupt der Regierung und eines für den Staat? Wer ist denn dann der Chef? Der Bundespräsident ist zwar das Oberhaupt des Staates und damit der oberste Vertreter Deutschlands, hat aber im Vergleich zur Bundeskanzlerin nur wenig zu entscheiden. Er ist hauptsächlich damit beschäftigt, das Land nach außen hin zu »repräsentieren«. Das heißt, er vertritt Deutschland gegenüber anderen Ländern. Natürlich hat er auch noch andere Aufgaben, zum Beispiel Reden halten oder neue Gesetze prüfen und unterschreiben. Denn erst dann gelten diese Gesetze auch. Er wird alle fünf Jahre von der Bundesversammlung neu gewählt und lebt während seiner Amtszeit im Schloss Bellevue in Berlin. Zurzeit ist das bei uns Frank-Walter Steinmeier. Ein Bundespräsident heißt so, weil er Oberhaupt einer Bundesrepublik ist. Das ist ein Land, das aus mehreren Bundesländern (wie Bayern, Baden-Württemberg und so weiter) besteht. Es gibt aber auch Länder, die sich aus verschiedenen Staaten zusammensetzen – dort heißt der Präsident dann Staatspräsident. So hat zum Beispiel der Präsident der Vereinigten Staaten von Amerika andere Aufgaben als der Bundespräsident in Deutschland. In Amerika ist der Präsident nämlich zugleich Kanzler. Das heißt, er ist nicht nur das Oberhaupt des Staates, sondern auch Chef der Regierung.

Warum heißt der Hotdog so?

Beinahe jeder kennt ihn – den Hotdog. Wenn man aber über seinen Namen nachdenkt, kommt man schon ins Grübeln: Wieso heißt eine Wurst im Teig »heißer Hund«?

Angefangen hat alles Anfang des 20. Jahrhunderts in Amerika. Man geht davon aus, dass es New York war, wo der Hotdog erfunden wurde. In dieser Stadt werden auch heute noch die meisten Hotdogs weltweit verkauft. An jeder Straßenecke gibt es die für New York typischen Hotdog-Stände: kleine Anhänger mit bunten Sonnenschirmen. Hier kann man Hotdogs aller Art kaufen: sogar vegetarisch, also ganz ohne Fleisch, oder mit allerlei verschiedenen Zutaten wie Sauerkraut, Käse, Hackfleisch und Soßen. Oder einfach klassisch, wie er ursprünglich gemacht wurde, mit einer selbst gemachten Soße aus Ketchup und Zwiebeln, dem sogenannten »Relish«. Oft kann man einen Hotdog dort schon für nur einen Dollar bekommen. Deswegen ist er auch so beliebt: Er schmeckt gut, ist günstig, und man kann ihn ganz einfach zwischendurch von der Hand essen.

Man nannte das Würstchen »heißer Hund«, weil die Form der Wurst an einen Dackel erinnerte. Dazu kam, dass die Metzger damals auch Hundefleisch verwendeten, um die Wurst herzustellen, denn das war oft günstiger als das teure Rind- oder Schweinefleisch. Das ist heute natürlich verboten!

Wirklich berühmt wurde der Hotdog allerdings erst durch einen Einwanderer namens Nathan Handwerker. Er war nach Amerika gekommen, um in New York, im Stadtteil Brooklyn, als Kellner zu arbeiten. Dabei lernte er den Hotdog kennen und dachte sich, dass man dieses Gericht, weil es so einfach zuzubereiten war, ja auch auf der Straße aus einem Imbisswagen verkaufen könnte. 1916 eröffnete er dann den ersten Stand »Nathan's Famous«, übersetzt: »Nathans Berühmte« (Hotdogs).

Und sie wurden tatsächlich berühmt, denn sie waren nicht nur gut und günstig, sondern auch bald im ganzen Land und darüber hinaus bekannt. Nathan Handwerker hatte eine einfache, aber tolle Idee: Er veranstaltete gleich im ersten Jahr ein Wettessen in seinem Imbiss – wer die meisten Hotdogs vertilgen konnte. Das sprach sich schnell herum und wurde zu seinem Markenzeichen. Er war damit so erfolgreich, dass er bald viele andere Imbissstände aufstellen konnte und etwas später sogar anderen Imbissbesitzern seine Hotdogs verkaufte. Einige Jahre darauf gab es ganze Imbissketten, die »Nathan's Famous« Hotdogs verkauften, und das ist bis heute so geblieben. Auch das alljährliche Wettessen ist dort bis heute eine Tradition.

Es wird gemunkelt, dass der Hotdog sogar von dem deutschen Frankfurter Würstchen abstammen könnte, das von den vielen Auswanderern vor langer Zeit mit nach Amerika gebracht wurde. Auf alle Fälle ist er so bekannt, dass es ihn in vielen verschiedenen Ländern gibt. Er sieht zwar überall etwas anders aus oder wird mit anderen Zutaten zubereitet, aber im Grunde ist und bleibt der Hotdog die Wurst im Brötchen.

Wer hat die Legosteine erfunden?

Man muss kein Fan sein, um sie zu kennen, die bunten Bausteine, die schon seit Jahrzehnten in jedem Kinderzimmer zu finden sind. Inzwischen sind die Steine sogar so berühmt geworden, dass es Lego-Kinofilme und ganze Lego-Parks gibt. Vor allem bei den Jungs sind die Legosteine ein immer gern gesehenes Spielzeug, weil man damit einfach so tolle Sachen bauen kann: Häuser, Autos und sogar Roboter. Vielleicht warst du selbst schon einmal im Legoland? Die Legoland-Parks gibt es in vielen Ländern, sogar in Amerika! Hier werden die Wahrzeichen aus der ganzen Welt mit den bunten Steinen nachgebaut. Das dauert oft Jahre, und es werden viele Helfer benötigt, wenn zum Beispiel ganze Städte nachgebaut werden sollen.

Angefangen hat alles 1932. In diesem Jahr gründete ein dänischer Tischler namens Ole Kirk Christiansen eine Firma, in der Holzspielzeug hergestellt wurde. Zwei Jahre später nannte er die Firma »Lego«. Das ist eine Abkürzung für die dänischen Wörter »leg« (spielen) und »godt« (gut). Zusammengesetzt heißt es dann: »Spiel gut!« Erst im Jahr 1949 stellte die Firma Lego die ersten Bausteine aus Plastik her. Sie sahen schon fast genauso aus wie die Legosteine von heute. Der einzige Unterschied ist, dass die ersten Steine innen noch ganz hohl waren und dadurch etwas wackelig. Das wurde später verbessert, indem man kleine Röhren einbaute, die genau auf die Spitzen der anderen Steine passten. So wurde mit der Zeit immer mehr »erfunden«, um den Spaß beim Bauen noch größer zu machen. Nach den einfachen Bausteinen kamen Räder und Platten dazu, sodass der Fantasie beim Bauen keine Grenzen mehr gesetzt waren.

1958 übernahm Christiansens Sohn Godtfred die Firma und machte genau da weiter, wo sein Vater aufgehört hatte. Inzwischen gibt es um die 80 000 Bauteile, mit denen Groß und Klein ihren Ideen freien Lauf lassen können.

Wer hat die Schokolade erfunden?

Klar, jeder kennt sie – die Schokolade. Und für die meisten ist es auch gar nicht so einfach, die Finger davon zu lassen. Die Schokolade begeistert schon seit ein paar Tausend Jahren Jung und Alt! Um genau zu sein, wurden die ersten Kakaobäume ungefähr 1500 vor Christus von den Olmeken entdeckt. An diesen Bäumen wächst die Kakaobohne, aus der die Schokolade hergestellt wird. Die Olmeken lebten an der mexikanischen Golfküste. Später, zwischen dem 14. und dem 16. Jahrhundert, begannen dann die Azteken, die auch in Mexiko lebten, die Kakaobohnen mit Wasser zu vermischen. Sie nannten diese Mischung »xocolatl«.

Der Seefahrer Christoph Kolumbus (1451–1506) brachte die Bohne dann von seinen Reisen mit nach Europa. Es dauerte aber trotzdem noch einige Zeit, bis man auch hier wusste, was man damit anstellen konnte. Das entdeckte man erst später, nämlich bis 1544. In diesem Jahr wurde die Kakaobohne, gemischt mit Wasser und Zucker, dann das erste Mal im spanischen Könighaus getrunken. Von diesem Zeitpunkt an eroberte das Kakaogetränk Europa. Die Milchschokolade, so wie wir sie heute kennen – nur noch nicht ganz so süß und cremig –, wurde von einer Fabrik in Dresden hergestellt. Im Jahr 1839 gab es also in Deutschland die erste Vollmilchschokolade.

Mittlerweile kennt sie beinahe jeder Mensch auf der Welt. Sie ist sogar so beliebt, dass in Deutschland durchschnittlich jeder Mensch in einem Jahr 10 Kilogramm davon isst.

Warum heißt der Tag, an dem wir das neue Jahr feiern, Silvester?

Am 31. Dezember feiern wir jedes Jahr Silvester – aber warum eigentlich? Um das zu verstehen, muss man weit in die Vergangenheit schauen. Um genau zu sein, in das Jahr 1582. In diesem Jahr entschied der damalige Papst – das Oberhaupt der katholischen Kirche – nämlich, dass der letzte Tag im Jahr nicht mehr wie bis dahin der 24. Dezember sein sollte, sondern der 31. Dezember. Dieser Papst hieß Gregor XIII. Der Tag, auf den er den Jahreswechsel legte, ist gleichzeitig der Todestag eines anderen Papstes, der noch viel länger zuvor gelebt hat. Er starb am 31. Dezember im Jahr 335. Deshalb trägt der letzte Tag im Jahr auch seinen Namen: Silvester! Papst Silvester war der

Schutzheilige für ein gutes neues Jahr und für die Haustiere. Eine etwas merkwürdige Verbindung, weil es ja gerade die Tiere sind, die jedes Jahr unter den Silvesterböllern so zu leiden haben. Doch auch der Lärm, den wir zum Jahreswechsel machen, hat seinen Grund: Früher wollte man damit böse Gespenster vertreiben und gleichzeitig das neue Jahr willkommen heißen.

(Auf Seite 110 kannst du nachlesen, wie eine Silvesterrakete funktioniert.)

Wie macht man Zuckerwatte?

Wenn du schon mal auf einem Volksfest warst und beobachtet hast, wie die Händler dort Zuckerwatte herstellen, hast du dich bestimmt gefragt, wie das funktioniert. Es sieht ja zumindest ziemlich einfach aus: Da wird ein Holzstäbchen in eine Maschine gehalten – und wie von Geisterhand türmt sich immer mehr von der köstlichen weißen Watte auf. Kann man das nicht zu Hause einfach nachmachen? Denn Zucker hat schließlich jeder … Aber dazu ist eine spezielle Maschine nötig. Ohne diese hilft einem auch der ganze Zucker nicht weiter. Denn die Maschine ist genau so gebaut, dass die Sache mit dem Holzstäbchen überhaupt klappt:

Für eine Portion Zuckerwatte braucht man einen Teelöffel voll Zucker. Diese Menge wird in einen Kolben – eine Art Röhre aus Metall – geschüttet, der sich in der Mitte der Maschine befindet. Darin sind lauter kleine Heizspiralen, dünne Drähte, die mit Hilfe von Strom heiß werden und den Zucker erhitzen. Wenn er heiß genug ist, wird er flüssig. Der Kolben dreht sich mithilfe eines Motors sehr schnell und schleudert dabei den flüssigen Zucker durch lauter winzige Löcher nach draußen. Er landet an der Wand der Metallwanne, in welcher der Kolben befestigt ist. Da diese Wand kalt ist, kühlt sich auch der Zucker darauf sofort wieder ab. Das sind dann die weißen Fäden, die man in der Wanne sieht. Jetzt braucht man nur noch das Holzstäbchen in die Fäden zu halten und es dabei immer ein bisschen zu drehen. Die Fäden bleiben daran hängen, und durch das Drehen wird ein gleichmäßiger schöner und fluffiger Berg daraus.

Man kann Zuckerwatte also nur herstellen, wenn man das Gerät dazu hat. Und vielleicht ist das auch gar nicht so schlecht, denn was denkst du, wie deine Zähne aussehen würden, wenn du dir jeden Tag einen Berg Zuckerwatte machen könnest?

Stimmt es, dass man nicht jedes Feuer mit Wasser löschen darf?

Obwohl es sehr verwirrend klingt, hast du es vielleicht auch schon einmal gehört: Nicht jedes Feuer sollte mit Wasser gelöscht werden! Komisch ist das schon, denn immer, wenn man Feuerwehrleute bei der Arbeit sieht, löschen sie Brände – und mit was? Natürlich mit Schläuchen, aus denen Unmengen von Wasser kommen! Wenn man sich aber mal mit einem Feuerwehrmann unterhält, wird er einem erklären, dass es wirklich Brände gibt, bei denen Wasser alles sogar nur noch schlimmer machen würde. Das ist zum Beispiel dann so, wenn sich Fett entzündet hat. Es kommt öfter schon einmal vor, dass jemand eine Pfanne auf dem Herd vergisst. Das Fett in der Pfanne wird dann immer heißer und fängt an zu brennen. Denn Feuer braucht nur drei Dinge, damit es brennen kann: Einen Brennstoff wie Fett oder Holz, Luft und Wärme. Wenn sich das Fett entzündet hat, nimmt man am besten einen Deckel und verschließt die Pfanne damit. Dadurch hat man dem Feuer eines der drei Dinge genommen, die es zum Brennen braucht: die Luft. Natürlich muss man gleichzeitig auch die Pfanne vom Herd nehmen. Auf diese Weise erstickt das Feuer und es geht aus. Was würde aber passieren, wenn man Wasser in die Pfanne schütten würde? Das Wasser würde wegen der großen Hitze sofort verdampfen. Das heißt, es würde wie eine Wolke explodieren und damit das ganze heiße Fett im Raum versprühen. Das nennt man auch eine »Fettexplosion« beziehungsweise einen »Fettbrand«. Ganz besonders gefährlich wird es dann, wenn sich das brennende Fett auch noch in einem Gerät befindet, das an den Strom angeschlossen ist, wie zum Beispiel in einer Fritteuse! Wenn hier das Wasser dann auch noch mit dem Strom in Verbindung kommt, kann es einen Stromschlag geben. In einem solchen Fall löscht die Feuerwehr den Brand mit Sand oder Löschschaum.

Warum sagt man: »Gas geben«?

Wenn man möchte, dass der Fahrer eines Autos schneller fahren soll, sagt man meistens: »Gib doch mal Gas!« Aber wieso eigentlich? Was hat schneller werden mit Gas zu tun – schließlich fahren Autos doch mit Benzin, nicht mit Gas? Das ist richtig … aber wenn es um den Ausdruck »Gas geben« geht, müssen wir weiter zurück in die Vergangenheit schauen, dann ergibt das Ganze durchaus wieder einen Sinn. Man vermutet nämlich, dass diese Redensart hauptsächlich aus drei Gründen entstanden ist:

1. Als die ersten Autos gebaut wurden, hatten sie noch kein Gaspedal, sondern einen Gashebel. Er war dafür da, das Gas einzustellen. Denn es gab Autos, die fuhren mit einem Holzgasmotor. Wenn man hier den Gashebel öffnete, konnte mehr Gas in den Motor strömen und das Auto fuhr schneller.

2. Später fuhren die Autos mit einem sogenannten Vergaser. Er war dafür zuständig, eine Klappe zu öffnen, durch die eine Mischung aus Treibstoff und Luft in den Motor strömte.

Diese Mischung nannte man damals auch Gas. Den Vergaser bediente man mit dem Hebel und gab dem Motor im wahrsten Sinne des Wortes mehr Gas.

3. Bevor man den Treibstoff für Autos Benzin genannt hatte, hieß er »Gasolin«. Das wurde zum einen von dem amerikanischen Ausdruck »gasoline« (deutsch: Treibstoff) übernommen. Zum anderen bezog sich die Abkürzung »Gas« darauf, dass sich der Treibstoff, nachdem er im Motor verbrannt wurde, genauso schnell und unsichtbar in der Luft verteilte wie ein Gas. Erst später nannte man den Treibstoff dann Benzin. Das machte man zu Ehren von Carl Benz, der das erste Auto erfunden hatte.

Wie kommt das Taxi zu seinem Namen?

Als die Menschen noch in Kutschen von einem Ort zum anderen reisten, gab es sogenannte Droschken. Man konnte sie rufen, um sich dann dorthin fahren zu lassen, wo man hinwollte. Die Droschken wurden meistens von einem oder zwei Pferden gezogen und hatten für höchstens fünf Personen Platz. Damit die Kutscher wussten, wie viel sie für eine Fahrt verlangen konnten, hatten sie sogenannte »Taxameter« in den Droschken. Das Taxameter war eine Art Uhr – daher stammt der Begriff »Taxiuhr« –, die ausrechnen konnte, wie viel der Fahrgast bezahlen musste. Ungefähr zwischen 1900 und 1920 sagte man dann zu den Droschken auch einfach »Taxi«, das war die Abkürzung für das Taxameter. Als dann die ersten Autos die Arbeit der Pferde übernahmen, behielt man den Namen bei – und das ist bis heute so geblieben.

Es gibt mehrere Arten von Taxis, und schon vor ein paar Tausend Jahren ließen sich die Mächtigen und Reichen von »Sänften« von Ort zu Ort bringen. Das sind entweder Sessel oder

Kabinen, die an zwei Stangen festgemacht sind und von Menschen getragen werden. Auch heute gibt es noch verschiedene Arten von Taxis: Wassertaxis (kleine Boote) oder Lufttaxis (kleine Flugzeuge).

Warum hießen die Musketiere so?

Die Musketiere hatten nichts mit Tieren zu tun. Sie waren Soldaten, die man ab dem 16. Jahrhundert mit besonderen Gewehren ausrüstete: den »Musketen«. Die Muskete war damals eine ganz neue Erfindung und ermöglichte es den Soldaten im Kampf gegen andere, die zum Beispiel nur mit Schwertern oder Dolchen ausgerüstet waren, schon von Weitem auf sie zu schießen. Das Problem mit den Musketen war aber, dass sie für die Soldaten sehr schwer zu tragen waren, denn sie waren schwer und ganze 1,70 Meter lang. Außerdem war es gar nicht so einfach, das riesige Schießeisen nachzuladen. Wenn die Muskete dann geladen war, mussten die Soldaten sie oft auf einen Holzstock stützen, um zielen zu können, weil sie einfach zu groß und zu schwer war, als dass man dies ohne Hilfe geschafft hätte. Deshalb kam es auch oft vor, dass die Soldaten dann irgendwann einfach mit ihren Schwertern weiterkämpften. Trotzdem erhielten die Fußsoldaten aus dieser Zeit die Bezeichnung »Musketiere«. Vielleicht wäre der Name schon längst in Vergessenheit geraten, wenn nicht Alexandre Dumas, ein Schriftsteller aus Frankreich, 1850 den Roman *Die drei Musketiere* geschrieben hätte. In dem Roman sind die Musketiere die besten Soldaten der Armee und deshalb für den Schutz des Königs verantwortlich. Zu dieser Zeit gab es die Musketiere aber schon lange nicht mehr, und die drei berühmten Romanfiguren kämpften auch hauptsächlich mit Schwertern oder ihren Fäusten.

Wie ist die Erde entstanden?

Das mit der Entstehung unserer Erde ist so eine Sache – die einen sind sich sicher, dass dies durch den sogenannten Urknall passiert ist, die anderen glauben, dass Gott die Welt erschaffen hat. So ganz genau weiß das aber niemand. Diejenigen, die an Gott glauben, meinen, dass er das in sieben Tagen gemacht hat. Wenn man von der Theorie des Urknalls ausgeht – das tun Wissenschaftler, die man Astronomen nennt –, war die Geschichte so: Vor vielen Milliarden Jahren war unser ganzes Universum tausendmal kleiner als der Kopf einer Stecknadel. Es befand sich in einer winzigen Blase. Weil aber alles in unserem Universum in dieser Miniblase zusammengequetscht war, kam es irgendwann zu einem riesigen Knall – dem sogenannten Urknall. Das war vor ungefähr 14 Milliarden Jahren. Man nennt es Urknall, weil diese Explosion der Ursprung für unser ganzes Universum war. In nicht einmal einer Sekunde war das Universum entstanden, das in dieser Sekunde schon so groß war wie unsere Milchstraße – eine Galaxie in unserem Sonnensystem. Sie hat ungefähr 300 Milliarden Sterne. Eine Galaxie ist eine große Ansammlung von Sternen, Planeten und Gas. Auch die Zeit und der Raum, so wie wir sie kennen, sind in diesem Moment entstanden. Seitdem hat sich das Universum immer weiter ausgedehnt, und das tut es auch heute noch.

Kurz nach dem Urknall sank erst einmal die Temperatur so weit ab, dass wieder neue Bedingungen geschaffen wurden und die Entwicklung weitergehen konnte. Das war nötig, um das Universum weiter wachsen zu lassen und damit neue Dinge, wie zum Beispiel Gase, entstehen konnten. Nachdem die Gase entstanden waren, trafen sie mit Staub, Kometen (Schweifsternen) und Asteroiden (kleinen Planeten) aufeinander, bis daraus unsere Erde entstand. Dieser zusammengepresste Klumpen entwickelte eine Anziehungskraft, durch welche die Teile, die sich auf der Erde gebildet hatten – die Erdteile – zusammengedrückt wurden. Der Druck war so hoch, dass sogar das Gestein heiß und flüssig wurde. In dem Zustand blieb die Erde für ein paar Hundert Millionen Jahre. Zusätzlich stürzten zu der Zeit immer wieder riesige Gesteinsbrocken (Meteoriten) aus dem All auf die Oberfläche der Erde. Das machte die Sache natürlich nicht besser – im Gegenteil, die Erde heizte sich immer wieder auf und blieb deswegen flüssig. Erst nach weiteren hundert Millionen Jahren ließen die Einschläge aus dem All nach, und die Erde konnte sich langsam abkühlen. Das Gestein auf der Erdoberfläche wurde kalt und starr – es bildete sich die sogenannte Erdkruste. In den nächsten Millionen Jahren wurde diese Kruste immer dicker, obwohl sie bis heute nur eine dünne Schicht ist, die auf dem heißen Brei des Erdinneren schwimmt.

Erst vor ungefähr 3,8 Milliarden Jahren begann das Leben auf unserem Planeten. Und das, obwohl es hier damals wirklich nicht gerade gemütlich war. Es fielen immer noch unzählige Gesteinsbrocken aus dem All auf die Erde, und die Luft war noch zäh und giftig. Aber es war immerhin schon so »kalt« geworden, dass sich die ersten Meere bildeten. Sie sind der Ursprung allen Lebens. Deshalb nennt man sie auch die »Ursuppe«. In ihnen bildeten sich die ersten Bakterien – die erste Lebensform auf der Erde. Erst 2,5 Milliarden Jahre später veränderten sich Wetter und Luft (das Klima) so, dass auch andere Lebensformen wachsen konnten. Der Mensch war zu dieser Zeit aber noch lange nicht in Sicht, der entwickelte sich erst vor ungefähr 300 000 Jahren.

Was ist der Unterschied zwischen Sternen und Planeten?

Das kann schon verwirrend sein – da gibt es Sterne und Planeten, und beide schwirren in unserem Weltall herum. Worin genau besteht der Unterschied?

Der auffälligste Unterschied ist die Leuchtkraft, die wir auch hier auf der Erde sehen können. Sterne können das – leuchten. Planeten nicht. Unsere Sonne ist zum Beispiel ein Stern. Sie besteht, wie alle Sterne, aus Gas, das so stark zusammengedrückt wird, dass der Stern extrem heiß wird und deshalb auch leuchtet. In ihrem Inneren herrscht eine Temperatur von 15 Millionen Grad Celsius! Planeten, zum Beispiel die Erde, sind im Gegensatz zu den Sternen aus festem Material, deshalb werden sie nicht so heiß und leuchten auch nicht. Die Erde hat im Vergleich zur Sonne einen Kern, der »nur« knapp 7000 Grad Celsius hat. Nach außen hin, Richtung Erdoberfläche, wird es immer kälter. Planeten bewegen sich um die Sterne – in unserem Sonnensystem also die Erde um die Sonne.

Die Sterne funkeln am Nachthimmel, weil sich das Licht, das sie ausstrahlen, bricht, sobald es durch die Hülle aus Gas (Atmosphäre) strahlt, die um unsere Erde liegt. Das sieht für uns dann so aus, als würden sie funkeln.

Warum sagt man, dass Adelige blaues Blut haben?

Das ist schon eine merkwürdige Vorstellung: blaues Blut! Blut ist doch rot, und warum soll das bei Adeligen, also zum Beispiel den Königen und Herzögen, eine andere Farbe haben? Man sagt nämlich, sie hätten »blaues Blut«. Aber wie ist diese Redensart entstanden? Dazu muss man wieder ein bisschen in die Vergangenheit reisen. Um genau zu sein, bis ins Mittelalter. Denn zu dieser Zeit war es in Europa ein Zeichen von hoher Herkunft, wenn man besonders blass war. Das lag daran, dass die ärmeren Menschen meistens draußen auf den Feldern arbeiten mussten und deshalb immer gut von der Sonne gebräunt waren, während die vornehmen Herrschaften des Adels hauptsächlich im Haus blieben, um sich zu bilden. Mit der Zeit wurde die helle Haut ein Zeichen für den Stand eines Menschen in der Gesellschaft. Bei den Adeligen wurde sie schnell zum Schönheitsideal, das heißt, man achtete darauf, dass man auch immer möglichst blass war. Ansonsten hätte man ja mit einem Bauern verwechselt werden können, und das war in den hohen Kreisen gar nicht gern gesehen. Deshalb gingen die Menschen von Adel damals auch nur mit Hüten oder kleinen Schirmen, die sie bei sich trugen, nach draußen. Man sprach auch von der »noblen Blässe«. Weil die helle Haut aber viel durchsichtiger ist als dunkle, konnte man die Adern, die unter ihr liegen, viel besser sehen. Wenn du selbst einmal auf deine Adern am Arm oder an den Händen schaust, wirst du feststellen, dass sie leicht bläulich durch die Haut schimmern. Das liegt daran, dass blaues Licht mehr von der Haut reflektiert (zurückgeworfen) wird als rotes. Daher kommt der Ausdruck »blaues Blut«.

Sogar in Spanien gab es in der Zeit zwischen 711 und 1492 Adelige, die sehr hellhäutig waren, weil sie von den Westgoten abstammten. Da die Menschen in Spanien aber generell eher eine dunkle Haut haben, galt die Blässe dieser Adeligen als ganz besonders vornehm. Damit das auch so blieb, achteten sie sehr darauf, nie ohne Schutz in die Sonne zu gehen. Außerdem heirateten sie immer wieder ganz bewusst andere hellhäutige Adelige, damit die Haut ihrer Nachkommen noch ein bisschen heller wurde. Das ging so weit, dass irgendwann sogar das spanische Königshaus großen Wert darauf legte, möglichst hellhäutige Könige und Königinnen hervorzubringen.

Weil die meisten Adeligen zu dieser Zeit ein ziemlich angenehmes Leben führen konnten – sie mussten nicht so hart arbeiten wie die »normalen« Bürger –, war es ein Vorzug, wenn man zu ihnen gehörte. Und das tat man eben nur, wenn man blaublütig war. Heute sieht das alles schon wieder ganz anders aus, da wird der Ausdruck »blaues Blut« eigentlich fast gar nicht mehr benutzt, und wenn, dann eher scherzhaft.

Wie kommen die Wellen ins Wellenbad?

Wenn du schon einmal in einem Wellenbad warst, hattest du bestimmt riesigen Spaß dabei, dich von den Wellen auf und ab tragen zu lassen. Die Frage ist nur: Wie werden die Wellen in so einem Schwimmbad eigentlich gemacht? Denn das ist klar – irgendetwas muss ja dahinterstecken, denn sie Wellen kommen ja nicht von allein ins Becken. Dazu braucht man ein ganz bestimmtes Schwimmbad. Von außen betrachtet scheint es erst einmal ganz normal zu sein: vier Ecken, zwei lange und zwei kurze Seiten. Wenn man aber hinter die Mauern sehen könnte, würde man feststellen, dass sich dieses Schwimmbad doch von den normalen Bädern ohne Wellen unterscheidet. Denn hinter der Wand der kurzen Seite, auf der das Wasser tief ist, versteckt sich eine extra dafür entwickelte Wellenmaschine:

Sie besteht aus drei Kammern – einer großen in der Mitte und zwei kleinen an den Rändern rechts und links. In ihnen befindet sich auch Wasser, das am Boden durch eine Öffnung ins Schwimmbad strömen kann. Hinter den drei Kammern ist eine riesige Anlage, ein Gebläse. Dieses Gebläse pumpt abwechselnd Luft in die drei Kammern. Einmal nur in die beiden äußeren und einmal nur in die mittlere. Sobald die Luft in eine der Kammern bläst, wird das Wasser dort nach unten gedrückt. Und weil das Gebläse das Wasser immer abwechselnd in den Kammern nach unten drückt, schaukelt sich das Ganze auf. So in Bewegung gebracht, strömt das Wasser weiter ins Schwimmbecken. Nach ungefähr einer Minute sind hier dann richtig schöne große Wellen. Die Wellenbäder sind so gebaut, dass sie auf der gegenüberliegenden Seite der Wellenmaschine immer flacher werden, damit die Wellen dort wie am Strand auslaufen können.

Wie entstehen die Wellen im Meer?

Das ist ja eine logische Frage – wenn die Wellen im Wellenbad von einer Maschine gemacht werden, wie kommen sie dann ins Meer? Denn da gibt es ja schließlich kein riesiges Gebläse, oder? Doch! Es gibt sogar ein noch viel stärkeres Gebläse als in allen Wellenbädern zusammen – den Wind. Er macht im Grunde nichts anderes als die Wellenmaschine im Schwimmbad, denn er bringt das Wasser in Bewegung. Mit seiner Kraft drückt er es im Meer genauso zusammen wie das Gebläse im Schwimmbad, und das Wasser fängt an, sich immer mehr aufzuschaukeln. Je nachdem, wie stark der Wind ist, sind auch die Wellen mal richtig hoch und mal ganz klein.

Im Meer ist aber nicht immer nur der Wind für die Entstehung von Wellen zuständig. Manchmal sind es auch Erdbeben oder Vulkanausbrüche auf dem Meeresgrund, durch die das Wasser so stark bewegt wird, dass daraus Wellen werden. Auch Ebbe und Flut sorgen immer wieder für Bewegung.

Wenn die Wellen durch ein Seebeben verursacht werden, ist größte Vorsicht geboten. Denn dabei kann eine der gefährlichsten Naturkatastrophen überhaupt entstehen: ein Tsunami. Vielleicht hast du schon von den riesigen Wellen gehört, die ganze Orte ausgelöscht haben. Wenn sie mitten im Ozean entstehen, sind sie, bis sie aufs Land treffen, meistens schon so klein geworden, dass sie keinen Schaden mehr anrichten. Findet so ein Seebeben oder ein Vulkanausbruch aber in der Nähe der Küste statt, wird es gefährlich. »Tsunami« ist Japanisch und heißt: »Große Welle im Hafen«. Die Energie, die bei einem Seebeben oder einem Vulkanausbruch unter Wasser freigesetzt wird, pflanzt sich in Form von Wellen fort. Das Gefährliche daran ist, dass es meistens mehrere aufeinanderfolgende Wellen sind, die dann über die Küste hereinbrechen. Der größte Tsunami, den die Wissenschaftler bis jetzt ermitteln konnten, ereignete sich vor ungefähr 73 000 Jahren. Die Wellen erreichten dabei eine Höhe von 170 Metern – damit zählt er zu den »Mega-Tsunamis«. Aber auch vor noch gar nicht allzu langer Zeit, nämlich im Jahr 2004, kostete ein riesiger Tsunami über 200 000 Menschen in Asien das Leben, darunter auch viele Urlauber aus Europa.

Wer bedient die Bahnschranken, wenn ein Zug kommt?

Es passiert wie von Geisterhand – sobald ein Zug in die Nähe eines Bahnüberganges kommt, gehen die Schranken runter. Aber wer steckt dahinter? Wirklich ein Geist oder doch nur ein Mensch? Keine Angst – mit Geistern hat ein Bahnübergang nun wirklich nichts zu tun. Früher waren es tatsächlich Menschen, die dafür zuständig waren, die Schranken per Hand herunterzukurbeln, wenn ein Zug kam. Inzwischen hat sich aber auch das ein bisschen verändert. Es ist eine Mischung aus Mensch und Maschine, die dafür sorgt, dass die Züge über die Bahnübergänge fahren können, ohne dass etwas passiert.

Wenn sich ein Zug einem Bahnübergang nähert, fährt er über eine Art eingebauten Schalter in den Gleisen. Der Schalter leitet das Signal, dass sich ein Zug nähert, weiter an einen Computer. Dieser Computer ist dafür zuständig, den Schranken das Signal zu geben, dass sie sich schließen sollen. Bevor die Schranken heruntergehen, zeigt aber noch eine kleine Ampel am Bahnübergang an, dass man jetzt stehen bleiben muss – sie schaltet um auf Rot. Dann schließt der Computer die Schranken. Er schließt aber erst immer nur zwei Schranken, damit Menschen oder Autos, die sich aus Versehen noch auf den Schienen befinden, noch schnell entwischen können. Bevor alle vier Schranken nach unten gehen, kommt ein Mensch ins Spiel. Er arbeitet in dem sogenannten Stellwerkhäuschen. Hier befinden sich alle

Computer und Schaltzentralen für den jeweiligen Bahnübergang. In dem Stellwerkhäuschen sind auch viele Monitore, mit denen man den Bahnübergang genau im Blick hat. Und das ist auch gut so, denn erst wenn der Mensch im Stellwerkhäuschen gesehen hat, dass sich wirklich niemand mehr auf den Schienen befindet, gibt er das Signal für die anderen Schranken, sich auch zu schließen. Ist der Zug durchgefahren, macht der Computer die Schranken wieder auf. Damit er das aber nicht zu früh macht und jemanden in Gefahr bringt, ist noch ein kleiner Trick in die Schienen eingebaut: Vor dem Bahnübergang und danach gibt es wieder zwei »Schalter«. Sie zählen die Achsen des Zuges. Der erste Schalter zählt, wie viele Achsen über ihn rollen, bis der Zug endet. Er übermittelt die Zahl – wieder über den Computer – an den zweiten Schalter ein Stück weit hinter dem Bahnübergang. Und erst wenn über den zweiten Schalter genauso viele Achsen gerollt sind wie über den ersten, gibt der Computer das Signal zum Öffnen der Schranken.

Auf diese Weise können alle den Bahnübergang sicher überqueren. Trotzdem sollte man immer vorsichtig sein und lieber zweimal nachsehen, ob auch wirklich kein Zug in Sicht ist!

Darf man Geld selbst machen?

Die Herstellung von Geldscheinen ist nicht ganz einfach und das hat auch seinen Grund. Denn die Scheine, mit denen wir bezahlen, dürfen nur an ganz bestimmten Orten hergestellt werden: erstens in der Bundesdruckerei in Berlin und zweitens in einigen anderen sogenannten Sicherheitsdruckereien. Da kommt man als normaler Mensch gar nicht hinein, um alles geheim zu halten. Außerdem werden in jeden Schein viele Sicherheitstricks eingearbeitet, damit das auch so bleibt. Denn sonst könnte ja jeder einfach seine eigenen Scheine drucken und wäre ziemlich schnell ziemlich reich. Das haben einige auch immer wieder versucht – mit dem Ergebnis, dass sie jetzt im Gefängnis sitzen. Denn Geld selbst machen ist streng verboten. Und damit jeder, der das versucht, entdeckt werden kann, haben sich die Macher der Scheine einiges einfallen lassen. So kann man sehr schnell sehen, ob ein Schein echt ist oder nicht.

Aber warum darf man eigentlich nicht einfach sein eigenes Geld drucken? Das hat etwas mit dem Wert zu tun. Denn wenn jeder auf einmal so viele Scheine drucken würde, wie er möchte, wäre die Welt bald mit Geldscheinen überflutet. Und wenn es von etwas zu viel gibt, möchte es keiner mehr haben, und es wird automatisch wertlos. Auch das gab es in Deutschland schon einmal, kurz nach dem Ersten Weltkrieg. Da war Geld nichts mehr wert, unter anderem, weil der Staat sehr viel Geld gedruckt hatte, um seine Kriegsschulden zu begleichen. Also bezahlte man zum Beispiel für einen Laib Brot gleich ein paar Millionen. Das Geld muss also geschützt werden, damit es seinen Wert behält. Das passiert mithilfe der verschiedenen »Sicherheitstricks«, die in der Bundesdruckerei in die Scheine eingearbeitet werden. Manche davon sind geheim, damit sie auch wirklich niemand nachmachen kann. Man munkelt, dass sich in einem Geldschein ungefähr 50 verschiedene Sicherheitsmerkmale verstecken. Einige davon können wir sehen, wie zum Beispiel das Wasserzeichen oder den Metallstreifen, der quer über den Schein verläuft. Andere können nur von Maschinen erkannt werden. Das hast du vielleicht schon einmal beobachtet, wenn der Schein beim Einkaufen in ein schwarzes Kästchen gehalten wird. Das ist so eine Maschine. Andere Verkäufer haben ein spezielles Licht, mit dem entdeckt werden kann, ob auch bestimmte Dinge zu erkennen sind, die es eben nur auf echten Scheinen gibt. Die Druckereien geben sich auf alle Fälle die größte Mühe und haben dafür auch sehr strenge Sicherheitsvorgaben, damit unsere Scheine davor geschützt werden, dass sie jemand einfach nachmacht.

Wie wird Kaugummi hergestellt?

Viele Menschen mögen sie – die Kaugummis. Dabei ist es ganz egal, wie alt man ist, es gibt immer wieder Situationen, in denen man gern mal einen Kaugummi kaut. Die einen machen es, um ihre Zähne damit zu reinigen, die anderen aus Gewohnheit und manche einfach nur deshalb, weil man so tolle Blasen damit zaubern kann. Bei manchen geht es sogar so weit, dass sie ohne Kaugummi gar nicht mehr richtig denken können, denn man hat herausgefunden, dass das Kauen sogar dabei hilft, sich zu konzentrieren. Dass zu viel Kaugummikauen nicht unbedingt gut für die Gesundheit ist, sollte man aber auch wissen. Es steht sogar auf den Verpackungen: Zu viel Kaugummi kann zu Durchfall führen. Aber es gibt Menschen, die süchtig nach der Süßigkeit sind und ohne Kaugummi nicht mehr leben können. Wenn man Kaugummi aber in einem normalen Maß genießt, kann nichts passieren. Selbst wenn man aus Versehen einmal einen verschluckt, passiert nichts – auch wenn es immer wieder heißt, man könnte davon eine Blinddarmentzündung bekommen. Das sollte natürlich nicht so oft vorkommen.

Doch woraus bestehen Kaugummis überhaupt? Denn es gehört schon einiges dazu, damit sie wirklich schmecken, sich nicht im Mund auflösen und dann auch am besten beim Blasenmachen nicht überall kleben bleiben. Und ist das wirklich Gummi, was man da zwischen den Zähnen hat? Zur Herstellung eines Kaugummis braucht man als Erstes eine zähe Masse, die sich im Mund nicht auflöst, aber auch nicht ungesund ist. Die bekommt man von Bäumen, die in Mittelamerika wachsen. Wenn man ihren Stamm einritzt, fließt aus ihnen nicht wie bei unseren Bäumen das klebrige Harz, sondern eine Art Milchsaft, in dem sich ein gummiartiger Stoff befindet, der sogenannte Kautschuk. Deshalb nennt man diese Bäume auch Kautschukbäume oder Gummibäume. Der Saft aus den Bäumen wird erst gereinigt und zerkleinert. Danach wird er mit anderen Stoffen wie Bindemitteln oder Weichmachern vermischt und gekocht, bis man eine zähe Kaumasse erhält. Das ist wichtig, damit der Kaugummi nicht irgendwann hart oder trocken wird. Das Ganze wird dann noch mit Glukose, einem Stoff, den man aus Mais gewinnt, vermischt. Dann kommen die verschiedenen Zutaten dazu, die dem Kaugummi Geschmack geben. Das sind unter anderem Zucker und Aromen, also Geschmacksstoffe. Diese geben dem Kaugummi zum Beispiel den Geschmack von Erdbeere oder Apfel. Fertig ist die Kaumasse. Jetzt werden alle Zutaten in riesigen Mischanlagen zusammengemixt. Diese Masse wird gehärtet und gewalzt, bis sie ganz dünn ist. Eine Maschine schneidet sie dann in Platten – Kaugummiplatten. Sie werden danach für eine Nacht in eine Kühlung gestellt. Hinterher schneidet man sie in kleine Portionen, so wie die Kaugummis dann aussehen, und verpackt sie – fertig ist der Kaugummi.

Wie kommt der Glitzer in den Nagellack?

Um das zu verstehen, muss man erst einmal wissen, wie Nagellack überhaupt hergestellt wird: Als Erstes braucht man dazu »Schellack«, das ist eine Art Harz, den Läuse ausscheiden, die auf bestimmten Pflanzen leben. Aus diesem Material wurden früher auch die Schallplatten gemacht, mit denen man Musik hören konnte. Der Schellack wird mit Wasser, Alkohol und einem Lösungsmittel – damit der Lack später besser trocknet – vermischt. Dann kommen noch andere Pulver dazu. Sie sind dafür da, dass der Lack nicht zu flüssig bleibt und man ihn so besser auftragen kann. Und – nicht zu vergessen – zur Farbgebung. Das Pulver enthält verschiedene Farbpigmente – das sind winzige Teilchen, die eine bestimmte Farbe haben, zum Beispiel Rot, Grün oder Blau. Sie werden auch wieder vermischt, und fertig ist der Nagellack. Bevor er in das Fläschchen gefüllt wird, in dem wir ihn dann kaufen können, kommt noch ein kleines Kügelchen hinein. Das Kügelchen ist dazu da, dass man den Lack »umrühren« kann, wenn man das Fläschchen schüttelt. Dann lässt er sich besser auftragen.

Der Lack ist fertig, aber wie kommt jetzt der Glitzer hinein? Er wird, sobald alles zusammengemischt wird, einfach dazugegeben. Denn auch er gehört zu den Farbpigmenten, die in den Lack gemischt werden. Zuvor muss der Glitzer aber erst hergestellt werden, und dazu braucht man einen sogenannten Glimmerstein. Er kommt aus Südamerika oder Indien und besteht aus vielen übereinandergelegten Schichten. Wenn man ihn aufschlägt, sieht man, dass die Schichten lauter kleine Plättchen sind, die schimmern oder glitzern. Diese Plättchen werden immer wieder gemahlen, bis sie klitzeklein sind, und mit Wasser vermischt, damit das Mehl nicht so staubt. Zu diesem »Glitzerwasser« wird dann noch eine andere Flüssigkeit gegeben. Sie sorgt dafür, dass sich die Glitzerstückchen im Wasser verfärben. Dabei kommt es nur darauf an, wie lange man die Flüssigkeit wirken lässt. Je nach Dauer entstehen die verschiedensten Farben. Wenn die Farbe erreicht ist, die man braucht, wird die Flüssigkeit wieder abgeschüttet. Übrig bleibt eine Glitzermasse, die getrocknet und dann unter das Nagellackgemisch gerührt wird. Und das ist er dann, der Glitzernagellack!

Feuerspucken und Feuerschlucken – ist das gefährlich?

Zuerst muss man zwischen Feuerspucken und Feuerschlucken unterscheiden: Beim Feuerspucken sieht es so aus, als käme dem Artisten ein großer Feuerball aus dem Mund. Beim Feuerschlucken dagegen verschwindet eine brennende Fackel im Mund des Künstlers – es wirkt dann so, als würde er die Flamme tatsächlich verschlucken. Aber wie funktioniert das Ganze? Beim Feuerspucken hat der Artist eine Flüssigkeit im Mund, die sich sehr schnell entzünden kann. Dann nimmt er eine brennende Fackel und pustet die Flüssigkeit direkt in die Flamme. Die Flüssigkeit fängt, sobald sie in die Nähe des Feuers kommt, an zu brennen und sieht dann aus wie ein Feuerball. Das passiert deshalb, weil der Feuerspucker die Flüssigkeit durch seine Lippen wie eine Wolke in die Luft bläst. Der Feuerschlucker nimmt die brennende Fackel in den Mund und erstickt damit die Flamme.

Beides ist sehr gefährlich und sollte deswegen nur von Menschen gemacht werden, die sich damit auskennen und lange geübt haben. Denn es besteht nicht nur die Gefahr, dass man schwere Verbrennungen bekommt, sondern sogar, dass man bei lebendigem Leib verbrennt. Dafür braucht nur einmal kurz der Wind zu drehen und aus einer anderen Richtung zu kommen, schon können sich die Haare oder die Kleidung entzünden. Außerdem ist die Brennflüssigkeit, die ein Feuerspucker im Mund hat, sehr gefährlich. Wenn man sie verschluckt, kann es zu Vergiftungen kommen. Atmet man sie versehentlich ein, ist es möglich, dass man keine Luft mehr bekommt. Und zuletzt kann die Lunge stark geschädigt werden, wenn die Flüssigkeit oder etwas von der Flamme eingeatmet wird.

Warum heißt Ketchup so?

Ketchup ist bestimmt eine der beliebtesten Soßen der Welt, vor allem bei Kindern. Man kann ihn, wenn man will, zu beinahe jedem Gericht essen, sollte aber daran denken, dass die meisten Sorten zu einem großen Teil aus Zucker bestehen. Deshalb sollte man ihn dann doch nicht in zu großen Mengen verwenden. Meistens isst man ihn zu Würstchen, Burgern, Pommes frites oder Hotdogs und manchmal auch zu Nudeln. Heute besteht der Ketchup aus Zucker, Essig, Tomatenmark, Salz und verschiedenen Gewürzen. Man ist sich nicht ganz sicher, wo der Name Ketchup wirklich herkommt, aber wahrscheinlich stammt er aus dem asiatischen Raum. Denn in Indonesien bedeutet »kecap« nämlich »Soße«, und das kommt dem Ganzen am nächsten.

Aufgetaucht ist das Wort zum ersten Mal im 17. Jahrhundert in einem englischen Kochbuch. Wobei der damalige Ketchup noch gar nichts mit dem Tomatenketchup von heute gemeinsam hatte. Es war eher eine Art Fischsoße, die mit Wein und Zwiebeln gemacht wurde. Etwas später, im 18. Jahrhundert, gab es in England dann schon mehrere Ketchup-Rezepte. Man konnte die ersten Flaschen kaufen und musste den Ketchup nicht mehr selbst herstellen. Aber auch zu dieser Zeit waren noch ganz andere Zutaten darin als heute: Walnüsse, Fisch und Pilze.

Im 19. Jahrhundert kam der Ketchup dann auch in den USA an, und das war der Ort, an dem der erste Tomatenketchup hergestellt wurde. Denn hier wurde dem englischen Rezept auch immer Tomatenpüree hinzugefügt. Um 1900 wurde der Ketchup dann schon millionenfach in den Fabriken hergestellt. In Deutschland bereitete man da seine »Ketchupsoße« noch selbst zu. Erst nach dem Krieg, etwa im Jahr 1950, machten die Deutschen Bekanntschaft mit dem Ketchup aus Amerika und England, weil ihn die Soldaten von dort mitgebracht hatten. Seitdem ist der Tomatenketchup auch bei uns nicht mehr wegzudenken und sogar die Grundlage für ein sehr deutsches Essen: Currywurst mit Pommes!

Warum macht man am 1. April Scherze?

Das mit dem Aprilscherz ist so eine Sache – für denjenigen, der ihn ausheckt, ist es meistens ein großer Spaß, aber für diejenigen, die reingelegt werden, manchmal weniger lustig. Vor allem, wenn dabei wirklich etwas passieren kann. Am besten ist es doch immer, wenn am Ende alle darüber lachen können. Auf alle Fälle muss man an diesem Tag höllisch aufpassen, um nicht gleich öfter Opfer eines Streiches zu werden. Denn sogar die Radiosender und Zeitungen erlauben sich dann den ein oder anderen Scherz.

Wo der Aprilscherz herkommt, weiß man nicht genau. Es gibt mehrere Geschichten dazu. Sicher ist aber, dass es ihn schon seit mehreren Hundert Jahren gibt. Es heißt sogar, dass sich schon die alten Römer an dem Tag einen Spaß miteinander erlaubt haben. Außerdem ist der 1. April in vielen verschiedenen Ländern bekannt und wird auch dort Jahr für Jahr »gefeiert«. Die Redewendung, dass man jemanden »in den April schickt«, kennt man seit 1618. In diesem Jahr tauchte sie das erste Mal in Bayern auf. Hier sind die glaubwürdigsten Ideen, wie der Aprilscherz entstanden ist, zusammengefasst:

1. Auf diese Erklärung stößt man immer wieder, wenn man herausfinden will, woher die Tradition des Aprilscherzes kommt. Sie besagt, dass alles seinen Anfang im Jahr 1564 in Frankreich hatte. Denn zu diesem Zeitpunkt herrschte dort König Karl IX. Er war der Meinung, dass der 1. April nicht mehr der erste Tag im Jahr sein soll. Damals feierte man das neue Jahr immer an diesem Datum. Der König verlegte dies aber einfach auf den 1. Januar. Das kam bei der Bevölkerung allerdings nicht so gut an, und deshalb feierten manche Leute einfach weiter am 1. April das neue Jahr. Was ihnen aber den Spott der anderen einbrachte, die sich an die neue Regelung hielten. Es führte dazu, dass man ihnen an diesem Tag oft kleine gemeine Geschenke machte oder Streiche spielte. Einige hatten von der Änderung aber auch gar nichts mitbekommen. Damals verbreiteten sich Nachrichten nicht so schnell wie heute, denn es gab weder Telefon noch Computer, und manche hatten nicht einmal die

Möglichkeit, eine Zeitung zu kaufen. Auch diese Menschen feierten das neue Jahr natürlich weiter wie gewohnt – am 1. April. Sie wurden dann oft von denen, die Bescheid wussten, auf den Arm genommen, indem sie zu Neujahrsfeiern eingeladen wurden, die am Ende gar nicht stattfanden.

2. Eine andere Idee geht auf die Zeit zurück, in der in Frankreich König Karl IV. herrschte. Er soll immer wieder gern neue Bekanntschaften mit Frauen gemacht haben. Deshalb eilte er auch einmal schnell am 1. April, so wie es die Einladung einer schönen, geheimnisvollen Frau verlangte, zu einem Treffen mit ihr. Als er dort ankam, wurde er zum Opfer eines Scherzes seiner Ehefrau. Sie war es nämlich, die ihm die geheimnisvolle Nachricht geschrieben hatte. Und sie hatte den gesamten Hofstaat – also alle, die im Schloss des Königs arbeiteten und lebten – dazu eingeladen. Sie sollten dabei sein, wenn ihr Gemahl in die Falle tappte!

3. Eine weitere Erklärung, woher der Aprilscherz stammt, kommt aus der Bibel. Denn an diesem Tag sollen unheilvolle Dinge passiert sein: Der einstige Engel Luzifer ist zur Hölle gefahren, und außerdem wurde der Verräter Judas, dessentwegen man Jesus ans Kreuz geschlagen hatte, geboren. Der Bibel nach ist der 1. April also ein Tag, an dem man ganz besonders vorsichtig sein sollte.

4. Schon in der Antike zählte der 1. April zu den »unheilvollen« Tagen, wie zum Beispiel auch Freitag, der Dreizehnte.

5. Selbst das Wetter wird oft für den Aprilscherz verantwortlich gemacht. Es heißt, das Aprilwetter, das man kaum vorhersagen kann, sei der Grund für die Scherze. Denn: »April, April, er macht nur, was er will.«

Welche Religionen gibt es?

Über das ganze Jahr verteilt gibt es immer wieder religiöse Feste, die wir alle kennen und feiern, wie Weihnachten, Ostern, Pfingsten und so weiter. Sie alle sind aus dem christlichen Glauben entstanden. Und weil die meisten Menschen bei uns diesem Glauben angehören, gibt es um diese Feste herum auch immer Feiertage, an denen die Menschen freihaben. Aber vielleicht hast du auch schon einmal von anderen Religionen gehört, wie zum Beispiel dem Buddhismus oder dem Islam. Das kann manchmal ganz schön verwirrend sein, denn an was glauben denn die Menschen anderer Religionen? Haben sie auch einen Gott und dieselben Feiertage wie wir oder ist dort alles ganz anders? Um das herauszufinden, muss man sich die verschiedenen Religionen genauer ansehen. Davon gibt es viele auf unserer Erde – wie viele, weiß man nicht genau –, darunter die sogenannten fünf Weltreligionen. Das sind die Religionen, die am häufigsten auf der Welt vorkommen. Das heißt, an sie glauben die meisten Menschen auf der Welt. Grundsätzlich haben alle Religionen eines gemeinsam: den Glauben eben. Das Wort Religion kommt aus dem Lateinischen und bedeutet so viel wie Denkweise, Gottesfurcht oder Frömmigkeit. Es gibt Religionen, die einen Gott haben, wie unser Christentum, und andere mit gleich mehreren Göttern. Letztendlich helfen sie den Menschen dabei, ihr Leben zu meistern. Sie geben ihnen Regeln, nach denen sie leben sollen, und einen Halt, wenn es ihnen einmal nicht so gutgeht. Hier soll es um die fünf Weltreligionen gehen. Das sind:

- Christentum
- Buddhismus
- Hinduismus

- Judentum
- Islam

Das Christentum

Das Christentum ist mit seinen über zwei Milliarden Anhängern die größte Religion der Welt. Der Großteil der Christen lebt in Europa, deshalb ist auch Deutschland vom Christentum geprägt. Das heißt, dass wir die christlichen Feiertage wie Ostern und Weihnachten feiern und auch die Gottesdienste in den Kirchen besuchen. Um Christ zu werden, muss man getauft werden. Das Buch, in dem alles über den christlichen Glauben steht, ist die Bibel. Sie ist das meistgelesene Buch aller Zeiten, und ihre Gebote sind auch die Grundgebote unserer Gesellschaft, also der Art und Weise, wie wir miteinander umgehen. Denn in der Bibel stehen Dinge, die für uns selbstverständlich sind und an die wir uns halten, wie zum Beispiel nicht zu stehlen oder anderen keinen Schaden zuzufügen.

In der Bibel gibt es zwei Teile: das Alte und das Neue Testament. Das Alte Testament besteht aus den überlieferten Schriften der Juden, denn das Christentum kommt aus dem Judentum. Sie erzählen von der Entwicklung der Menschen und von den Propheten. Das waren Menschen, die sich von Gott berufen fühlten und den anderen seine Weisheiten mitteilten. Das Neue Testament berichtet über Jesus Christus und sein Leben. Mit seiner Geburt fängt auch die heutige Zeitrechnung an!

Die Christen glauben an die Vergebung ihrer Sünden durch Gott. Sie beten, beichten und halten sich an die Regeln der Bibel. Der christliche Glaube geht auf Jesus, den Sohn Gottes, zurück. Er wurde am 24. Dezember geboren, deshalb feiern die Christen an diesem Tag auch Christi Geburt – Weihnachten.

Als er erwachsen wurde, zog er umher und predigte die Lehre Gottes und dass es sein Schicksal sei, alle Sünden der Menschen auf sich zu nehmen, um sie vor der Verdammnis zu retten. Einige Männer folgten ihm auf seinem Weg: die zwölf Apostel. Weil es damals aber Herrscher gab, denen es gar nicht passte, dass sich ihm immer mehr Menschen anschlossen, verurteilten sie ihn zum Tod am Kreuz. Deshalb sieht man in den Kirchen auch immer das Kreuz, an dem Jesus hängt. Nach seinem Tod ist Jesus aber wiederauferstanden, weil er ja der Sohn Gottes war. Das passierte an Ostern, und deshalb ist Ostern auch eines der wichtigsten Feste im christlichen Glauben. Als Jesus also wiederauferstanden war, entstand eine eigene Religion mit vielen Anhängern – das Christentum. Innerhalb des Christentums gibt es zwei Richtungen: katholisch und evangelisch (siehe Seite 175). Nach und nach bekannten sich immer mehr Menschen zum christlichen Glauben, wobei das nicht immer freiwillig geschah. Im Mittelalter gab es die sogenannten Kreuzzüge, bei denen die Menschen mit Gewalt und Folter dazu gezwungen wurden, sich taufen zu lassen.

Der Buddhismus

Der Buddhismus ist vor allem in Asien sehr verbreitet, hauptsächlich in Thailand, Myanmar und Kambodscha. Es ist eine sehr friedliche Religion, die jedes Leben achtet – also auch das der Tiere. Buddhisten leben nach dem Dharma, das ist ihre Lehre, also so ähnlich wie bei den Christen die Bibel. Sie gehen davon aus, dass es am besten ist, wenn man sich mit sehr wenig zufriedengibt, weil alles andere nur unglücklich und unzufrieden macht. Deshalb sind sehr strenggläubige Buddhisten auch dagegen, sich mit »weltlichen«, also materiellen Dingen zu umgeben. Ihnen reicht das, was sie zum Leben brauchen. Andere sehen das nicht so eng und führen ein ganz normales Leben, sind aber trotzdem Buddhisten. Das Ziel des Buddhismus ist, dass man sich von der Welt lossagt und dadurch die Erleuchtung des Geistes erlangt. Das geschieht mithilfe der Meditation, die alle Buddhisten betreiben. Meditieren ist ein Zustand, in dem man völlig ruhig an einem Fleck sitzt und über nichts nachdenkt, sondern einfach nur »da ist«. Für die Buddhisten ist das der Zustand, in dem man die göttliche Erleuchtung bekommen kann –das einfache Sein.

Die Buddhisten glauben an Buddha. Er war ein Mann, der ungefähr 500 Jahre vor Jesus geboren wurde und sein Leben lang nach dem wahren Glück suchte. Nachdem er die meisten Jahre seines Lebens damit verbracht hatte, zu meditieren und einfach zu leben, fand er es: Es war die Erleuchtung des Geistes. Deshalb bedeutet das Wort Buddha auch: »der Erleuchtete«. Es gibt mehrere Buddhas, aber derjenige, der heute noch verehrt wird, ist der Mann, der nach dem wahren Glück suchte. Sein Name war Buddha Shakyamuni. Nachdem er erkannt hatte, was man tun muss, um die wahre Erleuchtung zu bekommen, lehrte er dies auch andere Menschen, die sich dafür interessierten. Ganze 45 Jahre verbrachte er damit, seine Lehre zu verbreiten. Dabei ging er immer auf die Person ein, die es gerade betraf. Denn jeder hat seine ganz eigene Art, Dinge zu verstehen. Er half den Leuten, bestimmte Momente in ihrem Leben mithilfe des Buddhismus zu meistern. Deshalb gibt es auch heute noch verschiedene Bewegungen innerhalb des Buddhismus. Die Lehre wird heute am strengsten von den buddhistischen Mönchen gelebt. Sie leben in Klöstern, verzichten dabei auf alles, was überflüssig ist, und verbringen den Tag mit Meditation. Auf diese Weise leben sie den »normalen« Buddhisten die Lehre Buddhas vor. Außerdem kümmern sie sich um die Erziehung von Kindern, die auch dem Glauben beitreten wollen.

Im Buddhismus geht es auch immer wieder um das Nirwana. Das Nirwana ist für die Buddhisten der Zustand des wahren Glückes, der eintritt, wenn man sich immer an alle Regeln gehalten und streng nach dem Glauben gelebt hat. Denn das Nirwana ist eine Art andere Welt oder Daseinsform, die man nur dann erreichen kann. Bevor man in diesen Zustand kommt, wird man immer wiedergeboren, bis man alles richtig gemacht hat. »Richtig gemacht« heißt, dass man in seinem Leben immer sehr darauf achten soll, was man tut. Denn wenn man zum Beispiel Böses tut, wird man wiedergeboren, um diese Schuld im nächsten Leben zu büßen oder wiedergutzumachen. Erst wenn man endlich alles richtig gemacht hat, kann man den Kreislauf der Wiedergeburt durchbrechen und in die andere Form des Seins übergehen – das Nirwana, das höchste Glück.

Der Hinduismus

Der Hinduismus kommt aus Indien. Dort ist er auch am meisten verbreitet. Weil es in Indien sehr viele Menschen gibt, ist der Hinduismus mit über 700 Millionen Anhängern die drittgrößte Religion der Welt. Auch die Hindus glauben an die Wiedergeburt. Und sie gehen davon aus, dass alles, was man in dem vorherigen Leben getan hat, eine Rolle im nächsten spielen wird. Deshalb kommt es auch darauf an, wie viel Gutes und wie viel Böses man getan hat. Je nachdem, wie das Urteil ausfällt, kommt man als Tier, Mensch oder sogar als eine Sache wieder auf die Erde. Die Taten sind im Hinduismus das Wichtigste. Deshalb haben sie auch einen eigenen Namen: das »Karma«. Je besser man sich im letzten Leben verhalten hat, umso »besser« wird man wiedergeboren. Die Hindus glauben an das sogenannte Kastensystem – was aber nichts mit einem Kasten zu tun hat, sondern mit dem Stand der Menschen in der Gesellschaft. Das heißt, es gibt verschiedene Kasten – insgesamt vier Hauptkasten –, in die sie hineingeboren werden. Eine Kaste ist wie eine eigene Gemeinde für ihre Mitglieder. Da gibt es die niederen Kasten, für die es auch nur niedrige Arbeiten gibt, und die hohen. Man bleibt sein Leben lang in einer Kaste und kann auch nur innerhalb der Kaste heiraten. Die Menschen einer Kaste passen aufeinander auf und halten sich an die dort bestimmten Gesetze.

Bei den Hindus gib es gleich mehrere Götter und auch mehrere Schriften, nach denen sie leben. In den Schriften geht es um die Botschaften der Götter und um Geschichten über sie. Weil es aber so viele verschiedene Götter und auch Schriften gibt, gelten auch sehr viele unterschiedliche Regeln. Ähnlich wie beim Buddhismus meditieren auch die Hindus oft, um ihren Geist zu reinigen. Dazu machen sie körperliche Übungen, durch welche die Meditation verstärkt werden soll – das Yoga. Bei den Hindus ist die Kuh ein heiliges Tier und darf nicht geschlachtet werden. Deshalb sieht man auch immer wieder frei lebende Kühe mitten in den Städten Indiens, derentwegen, wenn es sein muss, auch mal der gesamte Verkehr lahmgelegt wird.

Das Judentum

Aus dem Judentum sind das Christentum und der Islam entstanden. Sie ist die älteste Weltreligion mit den wenigsten Anhängern: ungefähr 15 Millionen. Die meisten gläubigen Juden leben entweder in Israel oder Amerika. Sie leben nach der Thora, das ist ihre Heilige Schrift, so wie bei den Christen die Bibel. Thora bedeutet auch »Weisung«, das heißt, in ihr sind alle Regeln festgehalten, nach denen man im jüdischen Glauben leben sollte. Und genauso wie im Christentum feiert man Gottesdienste. Sie finden aber nicht in Kirchen, sondern in Synagogen statt – das sind Gebetshäuser – und werden auch nicht von Priestern, sondern von Rabbinern abgehalten. Auch im Judentum gibt es die Zehn Gebote, an die man sich halten soll und die ebenso als Gesetze für das Miteinander in der Gesellschaft gelten. In der Thora stehen aber auch noch andere Gesetze, an die sich ein gläubiger Jude hält, wie zum Beispiel die Einhaltung des Sabbats: Am siebten Tag der Woche soll Ruhe gehalten werden. Aber auch beim Essen gibt es einige Regeln, die man beachten muss, wenn man nach der Thora leben möchte. Man darf zum Beispiel niemals gleichzeitig Fleisch und Milchprodukte zu sich nehmen, das gilt als unrein. Außerdem darf das Fleisch, das man isst, nur auf eine gewisse Art gewonnen werden. Diese bestimmte Art der Schlachtung nennt man »Schächtung«. Erst dann ist es »koscher« und damit auch rein.

Ähnlich wie bei den Christen gibt es auch im Judentum verschiedene Feiern, durch die der Glaube bestätigt wird. Die Bar-Mizwa ist zum Beispiel eines der bedeutenden Feste. Dabei werden Jungen im Alter von 13 Jahren in die Gemeinde der Gläubigen aufgenommen.

Im Judentum glaubt man an einen Gott, der Jahwe heißt. Er versprach den Juden der Geschichte nach das »Gelobte Land«. Es liegt im heutigen Israel, in das der Prophet Moses die Juden brachte, nachdem er sie aus ihrer Gefangenschaft in Ägypten gerettet hatte. Moses soll von Gott auch die Zehn Gebote erhalten haben.

Inzwischen gibt es im Judentum verschiedene Strömungen, also unterschiedliche Arten, nach der Thora zu leben. Die einen sind strenger, die anderen etwas freier. Doch unabhängig davon wird das Judentum, seit es besteht, immer wieder verfolgt. Die schlimmste Verfolgung in der Geschichte geschah zur Zeit des Zweiten Weltkrieges. Man nannte sie auch den »Holocaust«.

Das Wort kommt aus dem Griechischen und bedeutet »vollständig verbrannt«. In dieser Zeit (1941–1945) wurden über 6 Millionen Juden in Konzentrationslagern umgebracht.

Der Islam

Der Islam ist nach dem Christentum die zweitgrößte Religion der Welt. In über 100 Ländern leben insgesamt ungefähr 1,3 Milliarden Muslime. Muslime oder Moslems nennt man die Angehörigen des Islam. Zu den Ländern gehören die Türkei, der Iran und der Irak, China, Afrika, Deutschland und viele andere.

Auch im Islam gib es nur einen Gott – er heißt Allah. Nach dem muslimischen Glauben geht es darum, diesen Gott zu verehren und den Armen zu helfen. Seine Botschaft wurde vom Propheten Mohammed auf der Welt verbreitet. Er war ein Kind aus einer armen Familie, das 570 nach Christus in Mekka (Saudi-Arabien) geboren wurde. Eines Nachts erschien ihm – laut der Geschichte des Islam – der Engel Gabriel und gab ihm den Auftrag, die Lehre Allahs zu verkünden. Und das tat Mohammed auch – er verbreitete die Lehre von Allah im ganzen Land und schrieb sie im Koran nieder, dem heiligen Buch des Islam. Von dort aus verbreitete sich der Glaube dann in der ganzen Welt.

Im Koran sind die ganze Geschichte des Islam und die Gesetze, an die man sich als gläubiger Muslim halten soll, niedergeschrieben. Dazu gehört zum Beispiel, dass jeder Muslim unbedingt nur an den einen Gott, nämlich an Allah, glauben soll und dies damit beweist, dass er fünfmal am Tag betet. Vor dem Gebet muss man sich waschen und währenddessen in eine bestimmte Himmelsrichtung sehen – nämlich nach Mekka. Betet man außerhalb der Moscheen – das sind die Gebetshäuser der

Muslime –, benutzt man einen Teppich, auf den man sich kniet. Außerdem muss sich ein gläubiger Muslim »halal« ernähren. Das heißt, dass er kein Schweinefleisch essen darf, weil es als unrein gilt. Andere Fleischsorten müssen, wie im Judentum, durch eine bestimmte Art der Schlachtung gewonnen worden sein, ansonsten darf man sie auch nicht essen. Alkohol und Drogen sind ebenso verboten. Frauen sollen im Islam ihren Körper und ihre Haare verhüllen. Jeder Muslim sollte mindestens einmal im Leben nach Mekka gepilgert sein, um den Geburtsort Mohammeds gesehen zu haben. Dazu gehen die gläubigen Muslime zu einer bestimmten Zeit im Jahr, auch von weit her, zu Fuß in die Stadt. Diese Pilgerreise nennt man »Hadsch«. In Mekka treffen sich dann 2,6 Millionen Menschen.

Außerdem ist es wichtig den Ramadan einzuhalten. Das ist ein Monat, in dem die Muslime tagsüber fasten, also nichts essen und trinken dürfen. Vor Sonnenaufgang und nach Sonnenuntergang dafür umso mehr, denn dann trifft man sich und holt all das nach, worauf man tagsüber verzichten musste.

Warum heißt Weihnachten so?

Weihnachten ist eines der wichtigsten Feste im christlichen Glauben und bestimmt auch eines der tollsten für alle Kinder. Jedes Jahr trifft sich die Familie während der Feiertage. Aber abgesehen von dem schönen Fest und den ganzen Geschenken weiß kaum jemand, warum Weihnachten überhaupt so heißt. Das Wort leitet sich von einem Begriff aus dem Mittelhochdeutschen ab: »wihen nahten«. Das hieß so viel wie »die heiligen Nächte«. Denn schon früher feierte man an den Feiertagen vom 24. bis 26. Dezember Christi Geburt – so stand und steht es schließlich in der Bibel. Und genau aus diesem Grund wurden die Nächte in dieser Zeit für heilig erklärt. Schließlich wurde daraus dann »Weihnachten«, und das ist bis heue so geblieben. In den meisten christlichen Ländern wird Weihnachten allerdings erst am 25. Dezember gefeiert. Einige europäische Länder, wie zum Beispiel Deutschland, feiern schon am 24. Dezember.

Wie wird Panzerglas gemacht?

Seit über 2500 Jahren können wir Menschen Glas herstellen, und es hilft uns so oft im Alltag, dass man kaum alles aufzählen kann. Wir trinken aus Gläsern, bewahren Flüssigkeiten darin auf, schauen durch unsere Fenster und Brillen. Außerdem ist Glas gerade heute ein sehr wichtiges Material, mit dem wir der Verschmutzung unserer Umwelt entgegenwirken können. Denn Glas kann wiederverwendet, also recycelt werden – Plastikbecher und Verpackungen nicht! Die Ersten, die entdeckten, wie man das tolle Material herstellt, waren die alten Ägypter. Sie fanden heraus, dass Quarzsand mithilfe von großer Hitze – also zum Beispiel mit Feuer – schmilzt und zu Glas wird. Inzwischen weiß man schon einiges mehr über die Herstellung von Glas, und deshalb gibt man noch andere Zutaten (wie Kalk, Sulfat und Soda) dazu, damit das Glas besser hält und schön durchsichtig bleibt. Damals war das natürlich noch nicht so einfach, und deshalb war Glas lange Zeit etwas sehr Seltenes und Wertvolles, was sich noch lange nur die wenigsten Menschen leisten konnten.

Heute wird Glas in speziellen Fabriken hergestellt. Dort gibt es einen Schmelzofen, in dem alle Zutaten gemischt und dann bei 1600 Grad Celsius zusammengeschmolzen werden. Heraus kommt eine glühend heiße, leuchtende Flüssigkeit. Man nennt sie auch die »Glasschmelze«. Je nachdem, was am Ende dabei herauskommen soll, wird diese zähe Flüssigkeit dann geformt.

Im Fall der Glasscheibe wird die Masse in eine riesige Zinnwanne geschüttet und dort abgekühlt. Wenn das passiert ist, hat man eine klare, glatte Fläche – eine Glasscheibe. Aber wie wird sie denn dann zum berühmten Panzerglas? Es sind noch andere Arbeitsschritte nötig, um aus normalem Glas, das doch recht schnell brechen kann, das superfeste Panzerglas zu machen: Es werden mehrere Glasschichten übereinandergelegt, und zwischen jede Scheibe kommt eine ganz spezielle Folie. Diese Folie ist so reißfest, dass beinahe nichts durch sie hindurchkommen kann. Je mehr Schichten aufeinanderliegen, umso fester wird das Glas. Die vielen Scheiben werden mit den Folien wieder in einen Ofen gesteckt und gebacken. Heraus kommt eine fast unverwüstliche Panzerscheibe. Sie dient vor allem dazu, Menschen zu schützen, ganz egal ob das der Papst, ein hoher Politiker oder ein Bankangestellter ist. Für diese Scheiben ist es ein Klacks, etwa eine Kugel abzuhalten, die aus einem Gewehr oder einer Pistole abgefeuert wird.

Warum stellen wir uns an Weihnachten einen Tannenbaum ins Haus?

Es sieht ja schon immer sehr schön aus, wenn der fertig geschmückte Baum mit all seinen Lichtern und Kugeln fein rausgeputzt im Wohnzimmer steht. Und jeder freut sich, wenn er unter dem Weihnachtsbaum dann auch noch tolle Geschenke findet. Denn für uns ist es schließlich ganz normal, dass man sich an Weihnachten einen Tannenbaum ins Zimmer stellt. Wenn man sich das Ganze aber mal aus einem anderen Blickwinkel anschaut, könnte man sich schon fragen, wie man eigentlich auf diese verrückte Idee gekommen ist.

Dahinter steckt ein fast 500 Jahre alter Brauch, der eigentlich von den Germanen stammt. Sie trieben ihr Vieh im Winter an Tannen vorbei, weil sie dachten, dass in den Zweigen gute Geister leben, die den Tieren Glück bringen sollten. Vor 500 Jahren fanden dann die Christen, dass es doch ein schöner Brauch wäre, sich an Weihnachten die Tannenbäume einfach ins Haus zu holen. Ungefähr hundert Jahre später kamen sie dann auf die Idee, dass man die Bäume ja auch noch schmücken könnte. Also befestigten sie Kerzen an den Zweigen. Die Kugeln und der restliche Schmuck kamen dann erst vor etwa 150 Jahren dazu. Seitdem ist der Weihnachtsbaum nicht mehr wegzudenken, wenn wir das Weihnachtsfest feiern. Damit auch alle einen schönen Baum bekommen, werden allein in Deutschland jedes Jahr bis zu 25 Millionen Tannen verkauft! Damit dafür nicht ganze Wälder abgeholzt werden müssen, werden die Bäume auf extra dafür angelegten Feldern, sogenannten Plantagen, gezüchtet. Die meisten Tannen kommen von Plantagen aus Polen und Dänemark. Es gibt aber auch immer wieder das Angebot, die Bäume selbst zu »schlagen«. Das heißt, dass bestimmte Bäume in unseren Wäldern dazu freigegeben werden, dass man sie sich selbst absägen kann. Oder man kauft sie von Bauern, die sie aus ihrem eigenen Wald haben. Bis die Bäume groß und stark genug sind, um gefällt zu werden, dauert es bis zu 15 Jahre!

Gibt es Leute, die mit Tieren sprechen können?

Vielleicht hast du auch schon von den sogenannten Tierflüsterern gehört. Man sagt ihnen nach, dass sie mit den Tieren kommunizieren, also sprechen können. Stimmt das? Setzen sie sich vor ein Tier und flüstern ihm etwas ins Ohr? Ganz so funktioniert das meistens nicht, obwohl es auch Menschen gibt, die von sich behaupten, tatsächlich mit den Tieren sprechen zu können. Bei den meisten Tierflüsterern ist aber etwas anderes gemeint: Sie beschäftigen sich oft ihr ganzes Leben lang damit, eine Tierart ganz genau zu beobachten. Es dauert Jahre, bis sie wissen, wie die Tiere untereinander kommunizieren – also wie sie miteinander sprechen. Einer der berühmtesten Flüsterer ist Monty Roberts, der Pferdeflüsterer. Er hat schon als Kind die Pferde auf der Farm seiner Eltern in Amerika beobachtet. Nach vielen Jahren wusste er genau, wie sich die Pferde gegenseitig zeigen, was sie voneinander wollen. Diese »Pferdesprache« hat er sich dann selbst beigebracht und kann damit sogar mit den schwierigsten Pferden umgehen. Es gibt viele Menschen auf der ganzen Welt, die ihn zu sich bestellt haben, damit er ihnen weiterhilft, wenn sie nicht mehr mit ihren Pferden zurechtkommen. Und damit das auch jeder selbst lernen kann, hat er Bücher geschrieben und Filme gedreht, in denen erklärt wird, wie man mit den Tieren sprechen kann. Das Tolle daran ist, dass alles ganz ohne Peitsche, Sporen oder andere Hilfsmittel funktioniert. Es geht um Gesten und Anweisungen durch bestimmte Körperhaltungen, die jedes Pferd sofort versteht – ein sanfter Weg, einem Pferd zu zeigen, was man von ihm will. Und andersherum: Auf diese Weise versteht der Mensch, was das Pferd überhaupt für ein Problem hat. Denn das ist bei den meisten Tieren gleich – sie sind nicht einfach von Geburt an böse oder schwer zu bändigen. Meistens hat ihr Verhalten einen ganz bestimmten Grund, an dem auch sehr oft die Menschen, die sie halten, schuld sind. Die Tierflüsterer können am Verhalten der Tiere sehen, was ihnen fehlt, und meistens sind alle Probleme danach auch wie weggefegt. Auf diese Weise haben Tierflüsterer schon viele Tiere vor dem sicheren Tod bewahrt. Denn für manchen Besitzer ist das oft die letzte Möglichkeit, wenn sie keinen anderen Ausweg mehr sehen.

Woher kommt der ganze Sand auf unserer Erde?

Wenn man genauer darüber nachdenkt, gibt es schon sehr, sehr viel Sand auf unserer Welt. Da sind die Strände, an denen wir gern unsere Urlaube verbringen, aber auch die Wüsten, die fast nur aus Sand bestehen. Alles zusammengenommen sind es ganze Länder voll von Sand. Aber wo kommen sie eigentlich her, diese Tonnen Sand?

Die Sandkörner, mit denen man tolle Burgen bauen kann, sind schon mehrere Tausend Jahre alt! Denn erst nach dieser Zeit kann ein Sandkorn überhaupt entstehen, so lange dauert die Reise, bis wir den feinen Sand durch die Finger rieseln lassen können. Ursprünglich kommt jedes Sandkorn aus einem Gebirge, denn dort war es einmal ein Teil von einem Berg oder einem Gesteinsbrocken. Mit der Zeit rüttelt das Wetter mit Wind und Regen so heftig an dem Gestein, dass immer wieder kleine – manchmal auch große – Stücke abbrechen. Diese Stücke werden dann irgendwann vom Regen in einen Fluss geschwemmt. Dabei reiben die Steinbrocken die ganze Zeit aneinander, bis immer mehr kleine Stückchen von ihnen abbrechen und sie schließlich ganz zermahlen sind – sie sind zu Sand geworden. Dieser Sand wird mit dem Wasser vom Fluss dann ins Meer geschwemmt. Dort wird er auch noch durch die Bewegung der Wellen immer weiter zermahlen, bis er ganz fein geworden ist. Nach einigen Jahren bringt ihn die Strömung dann mit an Land – und fertig ist unser Sandstrand!

WUSSTEST DU SCHON, DASS …

… das lauteste und größte Musikinstrument der Welt eine Orgel ist? Sie steht in Atlantic City in Amerika. Wenn auf ihr gespielt wird, ist es lauter, als wenn direkt neben dir ein Flugzeug starten würde.

… der schnellste auf der Straße zugelassene Sportwagen der Welt, der Agera RS von der schwedischen Firma Koenigsegg, mit über 1360 PS eine Höchstgeschwindigkeit von 444,6 Stundenkilometern erreicht? Er schafft es von 0 auf 400 Stundenkilometer in gerade mal 26,8 Sekunden!

… das größte Schiff der Welt die *Pioneering Spirit* ist? Es ist 382 Meter lang und 124 Meter breit. Der Koloss wurde entworfen, um Bohrinseln zu bauen. Und dafür braucht es Kraft: Es kann bis zu 48 000 Tonnen hochheben. Zum Vergleich: Das ist so viel wie beinahe 100 vollgetankte Passagierflugzeuge! Im Vergleich zur *Pioneering Spirit* würde manch ein Kreuzfahrtschiff bloß wie ein kleines Schiffchen aussehen.

… das höchste Gebäude der Welt, der *Burj Khalifa,* in Dubai steht? Es ist sagenhafte 829 Meter hoch und besitzt 189 Stockwerke. Damit ist es der höchste Wolkenkratzer, der je gebaut wurde. Dafür arbeiteten 12 000 Arbeiter mit, die insgesamt

22 000 000 Stunden schufteten. Im Jahr 2020 soll dieser Rekord allerdings schon wieder geknackt werden: In Saudi-Arabien entsteht derzeit der *Jeddah Tower*. Er soll eine Höhe von über 1000 Metern erreichen!

... das längste deutsche Wort aus 36 Buchstaben besteht und Kraftfahrzeug-Haftpflichtversicherung heißt? Der Bindestrich wird übrigens nicht mitgezählt. Und wer jetzt denkt: Da gibt es aber doch bestimmt noch ein längeres ... der irrt sich deshalb, weil es bei dem längsten deutschen Wort um einen Ausdruck gehen muss, der gebräuchlich ist. Sonst könnte man auch einfach riesige Zahlen ausschreiben, das wäre dann bestimmt länger.

... der dickste Mann der Welt eine halbe Tonne schwer ist? 2016 kam der 32-jährige Juan Pedro Franco aus Mexiko mit 595 Kilogramm ins Guinnessbuch der Rekorde. Das ist eine bekannte Sammlung aller möglichen Rekorde und Höchstleistungen auf der ganzen Welt. Jedes Jahr erscheint eine neue Ausgabe dieses Buchs.

... der Türke Sultan Kösen der größte Mensch der Welt ist? Er ist ganze 251 Zentimeter groß, also über zweieinhalb Meter. Er trägt die Schuhgröße 62!

Der kleinste Mensch der Welt war dagegen nur 54,6 Zentimeter groß. Er hieß Chandra Bahadur Dangi, lebte in Nepal und starb im September 2015.

... der älteste Mensch der Welt angeblich 256 Jahre alt wurde? Der Chinese Li Qing Yun wurde 1677 geboren und starb im Jahre 1933. Er selbst sagte, er sei eigentlich nur 197 Jahre alt geworden, aber auch das würde genügen, um der älteste Mensch zu sein, von dem man weiß.

… der stärkste Mensch der Welt der 30-jährige Brite Eddie Hall ist? Er wurde 2017 zum »World's Strongest Man«, also zum stärksten Mann der Welt, gekürt. Mit einer Größe von 1,91 Metern und 185 Kilogramm Kampfgewicht schaffte er es, der Stärkste in den Disziplinen Kreuzheben, Flugzeugziehen, Lastwagenreifen umdrehen und Steineheben zu sein und am Ende alle Mitbewerber auszustechen.

… Raubfische ihre Augen heizen können? Viele Raubfische leben sehr tief unter der Wasseroberfläche. Je tiefer man sich im Meer befindet, umso kälter wird es, und dadurch wird man langsamer. Damit die Fische ihre Beute aber trotzdem noch schnell jagen können, heizen sie mithilfe von Muskeln ihre Körper auf. Einer dieser »Heizmuskeln« befindet sich sogar in den Augen, sodass die Tiere trotz der Kälte nicht nur schnell schwimmen, sondern auch sehr gut sehen können. Das funktioniert allerdings nur bis etwa 500 Meter Tiefe, denn danach ist es einfach zu dunkel, um überhaupt etwas erkennen zu können.

… der größte Hund der Welt 2,30 Meter groß ist, wenn er sich auf die Hinterbeine stellt? Er heißt Freddy, ist eine Deutsche Dogge und lebt in Großbritannien. Damit er sein Gewicht von 90 Kilogramm halten kann, frisst er im Jahr für beinahe 15 000 Euro – am liebsten Erdnussbutter und Hühnchen!

… das schnellste Tier der Welt der Wanderfalke im Sturzflug ist? Wenn er sich aus der Luft auf seine Beute stürzt, bringt er es auf sage und schreibe 322 Stundenkilometer! Das ist fast genauso schnell wie ein Rennwagen in der Formel 1.

… das älteste Tier auf der Welt eine Muschel ist? Sie ist tatsächlich 507 Jahre alt! Man fand sie im Meer vor Island.